김연희 지음

ⓒ 생명의말씀사 2012

2012년 2월 27일 1판 1쇄 발행

펴 낸 이 김창영
펴 낸 곳 생명의말씀사
등 록 1962. 1. 10. No.300-1962-1
주 소 110-101 서울 종로구 송월동 32-43
전 화 (02)738-6555(본사), (02)3159-7979(영업부)
팩 스 (02)739-3824(본사), 080-022-8585(영업부)

지 은 이 김연희

기획편집 유선영, 서지연
디 자 인 김혜진, 오수지
인 쇄 영진문원
제 본 정문바인텍

ISBN 978-89-04-15974-1 (03230)

저작권자의 허락없이 이 책의 일부 또는 전체를
무단 복제, 전재, 발췌하면 저작권법에 의해 처벌을 받습니다.

정 많고 눈물 많은
물새 선생님의
인생 십일조 이야기

추천의 글

* 가나다 순

김경란 - KBS 아나운서

새벽부터 바쁘게 돌아가는 가난한 동네. 도심 속에 가느다랗게 나 있는 골목길에 들어서면 순식간에 공간이동을 한 것 같은 빈민촌이 나타난다. 낡은 판자집이 다닥다닥 붙어있는 좁디좁은 골목 끝에 다다르자 빈민촌 구석 틈에서 보게 되리라고 예상치 못한, 해맑은 아이들의 얼굴이 쏟아져 나온다. 인사를 건네면 아이들은 몸을 이리저리 꼬며 수줍게 손을 내민다.

처음 본 사람도 어색해 하지 않고 폭 안긴다. 쓰러져 가는 판자촌과 햇살 같은 아이들. 도저히 한 시야 속에서 동시에 같이 보게 될 거라 예상치 못한 풍경. 삶의 무게를 먼저 배우지 않을까 싶은 이곳에서 아이들이 이리도 착하고 맑게 자랄 수 있는 건 매순간 사랑으로 이들을 보듬으며 살고 있는 물새 선생님의 눈물의 기도를 하나님께서 듣고 계시기 때문일 것이다. 이 책에 담담하게 써내려 간 물새 선생님의 삶의 흔적을 보면서 다시 한번 캄보디아를 향한 하나님의 깊은 사랑에 감사와 찬양을 드린다.

김인식 - 목사, '야곱의 축복' 찬양 가수

2010년 성탄절은 내게 좋은 선물 하나를 안겨 주었다. 그것은 바로 캄보디아에 숨겨진 보물들을 만난 것이다. 캄보디아 땅을 처음 밟고 그곳에서 처음 만난 사람들이 바로 캄보디아 성도들이었다. 그 성도들은 열심히 찬양하고 예배하는 빈민촌의 친구들이었다. 이들은 기도하고 찬양하고 예배하며 하루하루를 열심히 살고 있었다. 내가 잠자기 전까지 깨어 있다가 아침에 눈을 뜨기 전에 먼저 일어나는 그들은 마치 잠도 자지 않고 종일 하나님을 예배하는 사람들 같았다. 천국의 예배자를 만나고 싶었는데 그들이 바로 이곳에 숨어 있었던 것이다.

이들은 신실하게 하나님을 찬양하고 훈련을 받는데 전혀 지루해하지도, 싫증내지도 않았다. 기쁨이 얼굴에 한가득 담겨 있고 세상 무엇보다 이것을 좋아하는 것 같았다. 이들이 어떻게 이럴 수 있을까? 감격하지 않을 수 없었다. 이들 뒤에는 예수님의 사랑으로 훈련시키고 이들을 예배자로 키우는 아름다운 사람들이 있었다.

물새 선생님은 처음 봤을 때 빈민촌에 살기에는 잘 어울리지 않는 자매처럼 보였다. 저렇게 아리따운 선생님이 빈민촌에서 젊음을 드리고 캄보디아 사람들을 위해 평생을 산다고 하니 전혀 믿기지 않았다. 말수도 적고 수줍음도 많아 보였던 첫인상은 선교와는 잘 어울리지 않는 자매 같았다. 짧은 시간의 만남 뒤에 그의 저서 '메콩강 빈민촌의 물새 선생님'을 읽고 나서 험난했던 지난 삶과 그녀의 위대한 신앙고백, 그리고 찬란한 비전에 감격하고 또 감동하게 되었다.

여기 계신 선생님들이 개척하신 15개 교회를 순회하면서 그곳 사람들과 뛰고 춤추고 소리치며 드렸던 예배의 기억은 아직도 신앙의 권태기가 오면 나를 일깨워 주는 채찍이 되어 준다.

캄보디아라는 광야 같은 황무지에 눈물을 뿌리고 비전과 젊음의 십일조를 드린 물새 선생님의 열매는 가히 하늘 문을 열고도 남을 만하다. 선생님의 비전이 하루속히 이루어져 그곳에서 훈련받은 믿음의 일꾼들이 캄보디아를 변화시키고 중국과 인도, 세계까지 뻗어나가 열방을 일으키길 소망하며 기도한다.

추천사를 적으며 '최고의 예배란 무엇인가?'에 대해 잠시 묵상해 본다. 그것은 나를 비우고 그 안에 성령의 충만함을 실어 온전히 하나님께 나아가는 것이라 생각이 든다. 마치 그곳에서 지금 이 순간에도 하나님만을 예배하는 그들처럼 말이다.

김재원 - KBS 아나운서(아침마당)

아브라함의 언어는 순종입니다.
요셉의 언어는 인내이고, 모세의 언어는 온유입니다.
바울의 언어는 열정이고, 예수님의 언어는 복음입니다.

이들의 언어를 배운 물새 선생님의 언어는 눈물입니다.
눈물로 배운 캄보디아 아이들의 언어는 희망입니다.
이제 우리의 언어가 기대와 감사였으면 좋겠습니다.

누구의 인생이든
감사와 불만의 조건을 저울에 달아보면 균형이 잡힌답니다.
우리는 감사를 잊고 지냅니다.
하지만 따뜰락 선생님들과 캄보디아 아이들은
불만을 잊고 살아갑니다.

이 책을 읽으며 따뜰락에서 보낸 2박3일이 떠올랐습니다.

한 줄의 문장은 한 사람의 삶이요, 한 영혼의 고백입니다.
이름 하나가 아픔 하나이고, 얼굴 하나가 그리움 하나입니다.

이 책은 세상을 바꾸기보다 나를 바꿉니다.
여기 예수님이 땅에 쓰신 글씨가 보입니다.
이제 그 글씨를 당신이 직접 읽어 보시기 바랍니다.

라영환 – 총신대학교, 아세아연합신학대학교, 명지대 출강

미래를 바꿀 수 있을까?
사람들은 자신들이 지난 삶의 궤적들을 돌아보면서 불가능하다고 말한다. 그런데 따뜰락의 아이들은 그것이 가능하다고 믿는다. 그들은 과거를 통해 현재와 미래를 보지 않고, 미래를 통해서 현재와 과거를 새롭게 해석하고 조망한다. Don't ever give up! 이것은 내가 물새 선생님을 만나면서 배운 것이다. 그녀는 물새 선생님이라는 말처럼 눈물을 달고 산다. 그러나 그녀의 눈물은 미래가 없어서 우는 눈물이 아니다. 미래를 소망하기에 흘리는 눈물이다. 나는 이러한 그녀의 눈물이 좋다. 그녀와 같이 미래를 소망하며 눈물을 흘리고 싶다. 수년간 캄보디아를 방문하면서 빈민촌 아이들의 삶 속에 맺혀진 그녀의 눈물의 씨앗들을 볼 수 있었다. 10년, 20년 후에 캄보디아에 맺혀질

열매를 기대하면 벌써부터 가슴이 설렌다.

박성진 – CTS 기독교 TV 제작국장

2008년, CTS 기독교 TV에서 해외선교사들에게 위성수신기를 설치해 드리기 위해 캄보디아를 방문하였을 때, 판자촌이 즐비한 골목길 끝에서 나는 살아있는 선교의 현장을 보았고, 그 현장에서 젊음의 십일조를 드리러 왔다는 물새 선생님을 처음 만났다.

오랫동안 물새 선생님을 지켜 본 나는 그녀가 드린 젊음의 십일조가 얼마나 귀한 것인가를 잘 알고 있다. 실명되어 가는 큰 아픔과 외로움과 상처로 얼룩진 한 자매의 헌신을 통하여 기나긴 아픔의 역사를 지닌 가난한 사람들에게 희망 복음을 전하면서 배고픈 아이들을 품는 것을 보았다.

누덕누덕 상처 가득한 그녀의 잿빛 젊음을 십일조라며 드렸을 때 하나님은 어떻게 하셨을까? 이 책은 그 궁금증에 대한 하나님의 대답이다.

"긍휼히 여기는 자는 복이 있나니 긍휼히 여김을 받을 것임이요"(마 5:7).

물새 선생님은 여전히 잘 운다.

서현이 – 방송작가

저는 몰랐습니다.
캄보디아 빈민촌에서 캄캄한 어둠을 몰아내고
하나님의 빛을 전하는 젊은 여자가 있다는 사실을.

우연히 알게 되었습니다.
아이들을 위해 흘린 눈물 때문에 '물새' 라는 별명까지 얻었으나
시련 앞에서는 그 누구보다 강하게 일어서는
하나님의 딸이 있다는 것을.

그 젊은,
하나님의 딸이
캄보디아 물새 선생님입니다.

끝까지 모른 척 살고 싶었으나 성스러운 부담이 생겼습니다.
누군가는 꼭 해야 하지만 아무나 할 수 없는 일을 기꺼이 감당하고
있는 물새 선생님을 위해 기도할 수 있어 감사합니다.

그녀를 캄보디아로 보내신 하나님에게 감사드립니다.
물새 선생님이 있어 참 다행입니다.

송오식 – 전남대대학원 법대 교수

물새 선생님, 선생님이 2권을 내게 된다는 소식을 듣고 기쁜 마음으로 추천사를 쓰게 되었습니다. 저는 빛고을에서 선교위원장으로 섬기고 있어 물새 선생님의 사역을 통하여 많은 열매를 맺는 것을 보고 있습니다.

물새 선생님을 보면 초기 한국에 온 외국 청년 선교사들 모습이 오버랩이 됩니다. 이번에 우리 교회도 처음으로 9주 과정의 선교학교를 마치고 마지막 코스로 양화진 외국인 선교사 묘원을 탐방하였습니다. 여러 선교사들의 묘를 보면서 그들의 고귀한 희생과 사랑이 있었기에 오늘날 한국의 기독교가 성장하여 세계에서 두 번째로 선교사를 많이 파송하는 나라가 되었음을 실감할 수 있었습니다. 묘비 중 가장 가슴 뭉클한 묘비가 호머 헐버어트의 묘비 글귀였습니다, '한국인보다 한국을 더 사랑한 선교사'로 되어 있으며 그는 생전에도 '나는 웨스터민스터 사원보다 한국 땅에 묻히기를 더 원합니다' 라고 했다고 합니다.

물새 선생님은 눈망울이 똘망똘망한 캄보디아 빈민촌의 아이들을 사랑으로 안아주고 말씀으로 가르치고 지혜로 인도하는, 연약하지만 세상에서 가장 담대하며 굳센 선생님입니다. 하나님 나라는 이런 사랑에 충만한 분들에 의하여 계속 확장될 것입니다. 개인주의와 자본

주의가 극도로 팽배하여 청년들이 자기 '발끝'만 바라보는 세태에서 세상적으로는 가장 미련해 보이지만, 하나님 보시기에는 가장 지혜로운 자, '땅끝'을 찾아 빈민촌에 자리잡은 물새 선생님은 오늘도 어미새가 어린 새들을 먹이기 위해 열심히 먹이를 물어서 먹이는 것처럼 육의 양식과 영의 양식을 아이들에게 부지런히 먹이고 있습니다.

이제 한국보다 캄보디아와 캄보디아 아이들을 더 사랑하는 물새 선생님을 보면서 캄보디아 땅에도 주님의 복음으로 덮일 그 날이 멀지 않았음을 느끼게 됩니다. 이 작고 연약한 자매가 기꺼이 주님이 가신 길을 기쁜 찬송 부르면서 가는 것은 하나님의 은혜요, 믿음의 전신갑주로 무장하여 흔들림 없이 영적 전투에서 물러서지 않는 것은 성령 충만하기 때문일 것입니다. 사랑을 말하기는 쉽지만 사랑을 실천하기는 어렵습니다. 거기에는 고귀한 희생이 따르기 때문입니다. 캄보디아 아이들을 가슴으로 낳아 사랑으로 양육하는 물새 선생님과 같은 헌신적인 선교사들이 오늘도 세계 곳곳에서 사도행전 29장을 쓰고 있다는 사실에 한국인으로서 자부심을 느끼며, 외국인 선교사들로부터 빚진 것을 어느 정도 갚고 있다고 생각합니다.

이 책을 통해 많은 독자들이 선교의 동역자, 후원의 동역자, 기도의 동역자가 될 것을 확신합니다.

유종하 - 목사

할렐루야!
하나님께 모든 영광을 돌려드립니다. 타문화에 대한 충격을 극복하고 새로운 환경에 적응하며 모든 어려움을 신앙으로 이겨 나가면서 캄보디아 어린이들과 청년들에게 복음을 통하여 꿈과 희망을 심어 주는 물새 선생님의 모습을 보았습니다.

그리스도의 사랑을 품고 복음에 대한 사명과 열정으로 영혼을 구원하기 위하여 복음의 씨앗을 뿌리며 최선을 다하고 있는 물새 선생님의 값진 땀과 수고와 노력을 글로 다 표현할 수 없지만 이 책을 통해 하나님 나라를 더욱더 확장할 수 있게 되기 바랍니다.
자신의 온 마음과 정성을 기울인 고귀한 희생의 대가로 영적 기쁨의 단을 거두는 열매가 있음을 함께 기뻐하며 나누기 위하여 소중한 책을 발간하게 됨을 진심으로 기뻐하고 축하드립니다.

복음 전파를 위해 빈민촌의 어린영혼들과 청년들을 사랑하게된 물새 선생님!
좋은 소식을 전하는 아름다운 물새 선생님, 정말 수고하셨습니다.

이석제 - 의사

감당하기 어려운 아픔과 고통과 시련을 눈물의 기도로 극복하는 물새 선생님을 사용하시는 하나님이 위대하십니다. 한국에 있을 때도 물새 선생님은 있는 듯 없는 듯 자신을 드러내지 않고 묵묵히 사명을 감당하는 따뜻한 선생님이었습니다.

스물한 살 때부터 방학만 되면 빈민촌으로 가더니 스물세 살에 대학을 졸업하고 '주님 나를 보내소서'라는 짧은 기도를 남기고 가난한 빈민촌 아이들을 위해 훌쩍 떠났습니다. 6년이라는 짧지 않는 세월을 빈민촌에서 보내는 동안 아토피, 결핵, 두 눈이 실명되어 가는 망막박리로 얼마나 힘들었을까요? 아버지의 사업 실패로 가족이 뿔뿔이 흩어져야 한다는 소식을 듣고 빈민촌에서 3시간 동안 정신을 잃었다고 합니다.

연약한 한 자매가 가시밭길을 걸으며 뿌린 눈물의 싹들이 자라나 사람 열매들이 주렁주렁 맺혀가고 있습니다. 말없이 봉사하는 물새 선생님을 통하여 빈민촌이 사랑촌으로, 영적 사막이 거룩한 옥토로 바뀌어 가는 것을 저는 직접 보았습니다. 이 책을 통해 하나님의 사랑의 흔적을 체험하기를 기도합니다.

전태규 – 목사

물새 선생님을 처음 알게 된 것은 지난봄 인천에 부흥집회에서 자매의 부모님을 알게 되면서부터다. 얼마 전 두 분의 딸이 CBS, CTS, KBS에 출연하였다는 말을 들었다. 나도 장남이 선교사로 나갔기에 관심을 가지고 인터넷을 통해 물새 선생님의 활동을 보는 동안 마음이 울렁거리고 눈물샘이 터져 흐느껴 울었다.

단숨에 여섯 번 반이나 시청했고, TV 사회자가 "훌륭하십니다. 이렇게 꽃다운 젊은 나이에 어떻게 6년간 봉사할 수 있었냐"고 물었을 때 그가 말한 대답이 내 마음을 울렸다. "하나님 앞에 가서 충성했다는 말을 듣고 싶었어요."

물새 선생님을 생각하면 믿음의 조상 아브라함이 떠오른다. 생명 드림의 결단, 이것은 하나님께서 큰일을 행하시기 전에 우리에게 요구하시는 필수 조건이다. 앞으로 다가 올 여러 가지 많은 어려움들을 이기기 위해서는 생명을 거는 결단이 반드시 필요하다.

하용조 목사님은 "나는 선교에 목숨을 걸었다"라는 말을 남기셨고, 웨슬리 목사님은 하나님은 그의 사람을 장사 지낸다 할지라도 그의 일은 계속하신다고 하였다.

영광의 주자로 하나님께서 물새 선생님을 예비하신 것 같다. 첫 책인 '메콩강 빈민촌의 물새 선생님'이 독자들에게 많은 사랑을 받고 있음을 알고 있는데, 두 번째 책은 물새 선생님의 신앙여정과 그녀의 선교현장의 삶이 그대로 글속에 묻어 있음을 느낀다. 하나님의 부름에 순종한 물새 선생님을 자랑스럽게 생각하며 축하의 글을 보낸다.

주혁로 – 목사

캄보디아에서 만난 한 가녀린 아가씨, 맑고 순수한 눈동자와 가냘픈 몸이었지만, 그 안에서 품어 나오는 열정만큼은 뜨거워서 인상 깊었습니다. 부드럽고 조용하며 항상 웃는 얼굴과 따뜻한 마음씨였습니다. 그러나 동역자들 사이에서, 캄보디아 사역자들과 아이들이 순종하며 따를 수밖에 없는 묘한 카리스마도 함께 가지고 있었습니다. 아무도 거역하지 않는, 아니 거부하거나 싫어하지 않는, 따라 가게 되는 것이 당연한, 결코 과하지 않으면서도 부족하지도 않는 아름다운 사역자, 이 모습이 제가 만난 물새 선생님의 모습이었습니다.

만날 때마다 기분 좋아지고, 만날 때마다 마음의 문을 열고 다가오는 선생님은 제가 그녀를 격려하기보다 오히려 제가 위로 받게 되는 멋진 자매입니다.

아마도 이 책을 읽는 모든 분들이 저와 같은 마음을 가지게 되리라 확신합니다. 따뜻해지고, 기분 좋아지고, 오히려 이 선생님의 눈물의 위로를 받는 그런 경험을 가지게 될 것입니다.

최성호 - ㈜태웅 이사

물새 선생님이 사역하는 빈민촌을 직접 가서 보고 많이 놀랐다. 순박한 자매가 어려운 일을 잘 감당할 수 있을까 생각했는데 직접 가서 보니 맡은바 임무를 너무나 잘 수행하고 있었다. 물새 선생님을 통하여 헌신의 결과로 어떤 열매를 맺고, 봉사의 힘이 얼마나 큰 결과를 가져오는지 직접 체험했다.

가끔 물새 선생님을 만나 대화를 나눌 때도 거의 말이 없었던 것은 말보다 행동으로 실천하는 선생님이었기 때문이다. 너무나 힘들고 어려워 얼마나 많이 울었으면 동료들이 물새 선생님이라고 부르고 있을까……? 아무도 아는 이 없는 타국의 빈민촌에서 목이 아프도록 눈물로 외쳤을 것이고, 가슴이 터지도록 눈물로 호소했을 것이다. 물새 선생님이 하나님께 외치는 눈물의 절규를 이 책 속에서 체험하게 될 것이다.

허은정 - ㈜Kairos Partners 이사, 전 KBS 아나운서

아이들 속에서는 해맑은 아이가 되고, 어머니들 속에서는 어른스러운 대화상대가 되고, 청년들과 함께 있을 때는 든든한 리더가 되는 사람, 물새 선생님은 그런 사람입니다. 물새 선생님을 처음 만났을 때, 저는 그녀의 마르지 않는 눈물샘이 신기하고 놀라웠습니다. 하나님이 부어 주시는 마음이 아니고서는 그럴 수 없을 만큼 눈물이 많은 물새 선생님을 처음에는 걱정했습니다. '저렇게 여리고 맑은데 그 힘든 캄보디아 생활을 어떻게 견디나.' 이제는 그런 염려를 전혀 할 필요가 없다는 것을 압니다. 그녀의 눈물은 단순히 여린 마음에서의 반응이 아니라, 강한 내면과 하나님이 주시는 두터운 사명 의식에서 솟구치는 사랑의 샘물 이라는 것을 알았기 때문입니다.

그런 그녀가 2권을 집필하고 있다는 소식을 접하고 저는 참 설레었습니다. 물새 선생님과 캄보디아 아이들이 만들어가는 알콩달콩한 거룩한 사랑이야기 2탄에는 어떤 이야기들이 실릴까 눈을 반짝이며 기다려왔습니다. 이번 책도 역시 많은 분들이 눈물 속에 피어나오는 기쁜 웃음을 경험하실 것 같습니다. 하나님의 사랑을 섬김으로 실천하는 삶을 통하여 하루가 다르게 믿음의 사람으로 성장해 가는 빈민촌 아이들의 모습을 바라봅니다. 물새 선생님의 책 2권을 통하여 캄보디아를 향한 하나님의 마음과 그 땅에서 일어나는 하나님의 역사를 생생하게 체험하시게 될 것입니다. 제 마음은 벌써 그 땅에 가 있는 것 같습니다.

달콤한 땀 냄새

내 옷에서는 항상 땀 냄새가 풍긴다. 어떤 날은 땀을 너무 많이 흘려 옷이 소금투성이가 될 때도 있다. 또한 내 옷은 언제나 냄새 투성이다. 내가 흘리는 땀만큼 우리 빈민촌 아이들과 청년들이 성장하기에 아침부터 자정까지 불철주야 가르치고 보살피고 격려하면서 심방을 한다. 아픈 아이의 상처를 어루만져 주고, 때때로 학교에 찾아가 열심히 공부할 수 있도록 격려하는 것도 나의 일이다. 서로 싸우고 교회에 나오지 않는 아이를 찾아가 부모와 아이를 화해시키는 것도 내가 해야 할 일이다. 매일 각종 악기를 가르쳐야 하고 배고픈 아이들을 위해 고구마와 옥수수를 삶아 주고 라면을 끓여 준다. 어디에 맛있고 싼 과자가 있다는 소식을 들으면 당장 달려 나가는 나를 보고 아이들은 "엄마"라고 부른다.

나는 23살부터 엄마가 되었다. 3~4살의 귀여운 아이들이 나의 품에 안기고 볼에 뽀뽀를 하면, 7~9살의 꼬마들이 동생들을 질투하기도 한다. 중고등학생들과 청년들은 이런 모습을 바라보면서 자신들의 어릴 적 모습을 떠올리며 미소를 짓는다. 나는 사랑스럽고 예쁜 아들과 딸들이 너무나 많다. 아이들을 가르치고 보살피다 보면 하루가 어떻게 지나갔는지 모를 정도이다. 분주한 하루 일과를 마치면 옷이 땀으로 얼룩진다. 빨래하기가 귀찮을 정도로 몸은 항상 지쳐 있다. 하지만 방에 앉아 기도할 때 조그마한 보람을 느낀다. 잠자리에 들기 전에 내일 다시 만날 꼬마 제자들의 이름을 하나하나 불러 본다. 오늘 처음 나온 아이를 내일 다시 만날 수 있을까 기대하며 잠이 든다.

내 작은 가슴속은 어린 제자들의 얼굴로 가득 차 있다. 내 마음속은 사랑하는 꼬마들의 재롱으로 꽉 차 있다. 빈민촌 아이들이 어찌 그리 귀엽고, 달동네 아이들이 어찌 그리 사랑스러운지……. 모두 다 황금 같고 다이아몬드처럼 반짝반짝 빛나는 보석처럼 느껴진다. 나는 이 어린 보석들이 자라나 예수님의 찬란한 빛을 발휘할 수 있도록 잘 기르고 싶다. 나의 임무, 나의 사명, 나의 책임이 바로 이 아이들을 잘 양육하는 일일 것이다.

가난하지만 순박한 아이들을 만나게 해주시고, 날마다 교회 학교에 와서 기도하고 찬양하며 예배드리는 꼬마 천사들을 양육할 수 있게 해주신 하나님께 감사드린다. 나는 하나님이 영원하시고, 위대하시고, 전지전능하시다는 것을 어린 제자들을 통해서 알게 되었다.

오늘도 나는 두 손 모아 기도한다. 달동네 아이들을 지도할 수 있도록 나에게 기회를 주신 위대하신 하나님께 모든 영광을 올리며 "하나님, 고맙습니다. 하나님, 감사합니다."

추천의 글 4
프롤로그 _ 달콤한 땀 냄새 19

1. 사랑하는 나의 땅, 캄보디아 25

사랑의 난로가 되어 / 밤에 벌이는 사투 / 고기 요리의 정체 / 빈민촌 아이들의 별난 간식 / 비에 행복해하는 사람들 / 오물과의 전쟁

2. 가난의 아픔을 끌어안고 55

아파도 교회가 좋아요 / 소파 전도사의 마음 찬양 / 다린의 목욕 / 손톱 깎기 사역 / 상처투성이 아이들 / 맨발의 빠야

3. 작은 전도의 도구가 되어 83

오토바이 아저씨와 면도기 / 골목길 전도 / 자전거 아저씨의 믿음

4. 따뜰락 시장 사람들 97

재래시장에 퍼지는 복음 / 봉지 커피의 행복 / 쩐 자매의 어머니

5. 나의 두 번째 가족 109

선교의 도구 비행기 / 선생님, 너무 보고 싶었어요! / 오빠의 결혼식 / 거룩한 대박 / 나와의 싸움

6. 나무처럼 크는 아이들 ～ 131

도레미파솔라시도 ⌐ 기타 치는 나런 ⌐ 단기 유학생, 완다 ⌐ 왈가닥 수안의 변화 ⌐ 태권 소녀, 나리 ⌐ 음악 천재, 폐랑

7. 하나님, 우리를 지켜 주세요 ～ 163

화마가 휩쓸고 간 마을 ⌐ 마을을 지킨 빈민촌 교회 ⌐ 유리병 투척 사건 ⌐ 마을 초청 잔치

8. 복음 전도자로 거듭나다 ～ 183

트럭 위의 아이들 ⌐ 베트남 마을 선교 여행 ⌐ 캄보디아에서 피어난 사랑 ⌐ 예수님은 역전의 명수

9. 고마운 사람들 ～ 203

어머니의 손길 ⌐ 할머니 선교팀 ⌐ 나의 첫 책을 꿈꾸다 ⌐ 내가 멘토가 되다니…… ⌐ 이지성 작가와의 만남

10. 함께 일하는 동역자들의 고백 ～ 225

캄보디아를 향한 사랑의 열병–장성기, 유정화 부부 선생님 ⌐ 하나님이 세우신 리더가 되어–김명훈 선생님 ⌐ 어머니 대신 택한 캄보디아 사랑의교회–박지혜 선생님 ⌐ 새로운 출발점이 된 평화교회–황인범 선생님

에필로그 _ 부족한 나를 사용하는 하나님   268

1. 사랑하는 나의 땅, 캄보디아

사랑의 난로가 되어 / 밤에 벌이는 사투 / 고기 요리의 정체 /
빈민촌 아이들의 별난 간식 / 비에 행복해하는 사람들 / 오물과의 전쟁

 Chapter. 1

사랑의 난로가 되어

6년 동안 상하의 나라 캄보디아에서 살다 보니 겨울이라는 하얀 계절이 가끔씩 그리워진다. 처음 캄보디아에 왔을 때에는 1년 내내 더워서 지내기가 힘들었다. 이제는 더위에 익숙해져서 웬만한 무더위에도 끄떡없다. 언제부터인가 모기도 잘 물리지 않는 걸 보면 나도 열대지방 사람이 다 된 것 같다.

처음 캄보디아에 와서 건기와 우기로 날씨가 바뀌는 것을 보고 놀란 적이 있다. 건기가 시작되면 찜질방 수준의 더위로 숨이 턱턱 막힌다. 선풍기를 틀어도 뜨거운 바람이 불어 무용지물이다. 잠을 자다가도 너무 더워 깊은 잠을 자지 못하고 뒤척이게 된다. 건기 때 잠깐 밖에라도 나가면 얼굴이 새까맣게 타 버린다.

이런 건기가 끝나고 우기가 시작되면 지루하게 비가 내린다. 한국의 장마철 같은 날이 오랫동안 이어진다고 생각하면 된다. 날씨가 내내 맑다가 갑자기 비가 내리는 게릴라성 폭우에도 이제는 단련이 됐다. 그나마 우기 때는 시원한 바람이 불고 날씨가 선선할 때가 많아 적응하기가 괜찮다. 우기가 캄보디아 사람들에게는 겨울인 셈이다. 저녁에는 물이 너무 차가워 목욕하기가 힘들 때는 생활용수 물을 받아 두었다가 따뜻한 한낮에 목욕을 한다.

날씨가 추워지는 우기가 되면 아이들은 긴팔 옷을 입고 양말을 신는다. 처음에는 더운 나라에 사는 아이들이 양말을 신은 모습에 의아했다. 양말을 신은 채 슬리퍼나 쪼리를 신는데, 양말은 발가락 사이에 끼어 신을 수 있도록 만들어진 것이다. 한번은 11살의 시우랑 자매가 신고 온 발가락 양말을 보고 귀여운 나머지 얼마나 웃었는지 모른다.

캄보디아에서는 우기 때 한 겨울에 쓰는 털모자도 자주 눈에 띈다. 털모자는 주로 산후조리 하는 임산부들과 갓 태어난 아기들이 착용하는데, 요즘에는 길에서 털모자를 쓴 사람들을 자주 볼 수 있다. 다양한 방법으로 자신들의 겨울을 지혜롭게 보내는 것이다. 한국처럼 춥고 눈이 내리는 엄동설한의 겨울은 아니지만 열대지방에서 사는 사람들은 기온이 조금이라도 내려가면 겨울처럼 느끼는 것 같다.

더운 나라에서는 감기 걸릴 걱정 없겠다 생각했는데, 그것은 단단한 오해였다. 날씨가 조금 쌀쌀해지는 우기에는 감기에 걸리는 사람들이 제법 많다. 감기에 걸려 다들 콜록거리고 열이 난다. 한국에서는 계절이 바뀌는 때에 긴팔 옷이나 점퍼를 준비하여 추위를 대비하지만 항상 더운 나라에서 사는 가난한 빈민촌 사람들은 긴 옷을 살 형편도 되지 못하고 대비할 여유도 없는 것이다. 어렸을 때부터 영양이 부족해 면역력이 약해져 금방 열이 오르는 빈민촌 아이들을 볼 때면 안쓰러워 견딜 수가 없다. 한번 아프면 적어도 3일은 기본이고 일주일 정도를 끙끙 앓기에 마음이 짠하다.

얼마 전 한 청년이 캄보디아 한 지방의 날씨가 영상 16도가 되어 앞으로 더 추워질 거라고 말했다. 그동안 영상 20도 밑으로 내려간 적이 거의 없었기에 영상 16도는 그들에게 최고로 추운 날씨였다. 1년 내내 여름인 평균 영상 30도에서 살고 있는 아이들과 청년들에게는 날씨의 변화는 너무나 큰 충격이었다. 더군다나 긴팔 옷을 구할 곳도 마땅치 않고 돈도 없어서 미리 대비한다는 것이 현실적으로 어려워 날씨가 추우면 몸을 떨며 어찌할 바를 몰라 한다.

추워서 덜덜 떨면서도 공부하는 아이들을 볼 때면 너무 안타깝고 사랑스러워 꼭 안아 주게 된다. 내가 할 수 있는 일은 고작 안아 주는 것뿐이다. 나이에 비해 몸이 작은 아이들을 품에 안으면 서로의 따뜻한 온기에 활짝 웃게 된다. 날씨가 춥거나 더워도 1년 365일 하루도 쉬지 않고 교회에 나와 공부하는 아이들과 청년들. 너무나 소중하고 사랑스러운 보석 같은 가난한 제자들을 안아 줄 수 있어 나는 참 행복하다. 나의 가슴을 통해 하나님의 따뜻한 마음을 아이들이 고스란히 느끼기를 기도한다.

나는 캄보디아 빈민촌 아이들과 청년들의 사랑의 난로가 되고 싶다. 추운 날씨보다 그들을 더 춥게 만드는 것은 세상의 무관심이다. 사람은 누구나 관심을 받고 싶어 한다. 누군가 나를 모른 척 하고 왕따시키면 우울해지고 매사에 자신감이 없어진다. 반대로 위로해 주고 격려해 주면 사람은 자기 능력 이상으로 발전하고 성장하게 된다. 나는 가난한 아이들이 추워 할 때는 따뜻한 난로가 되어 주고, 빈민촌 청년들이 더워 할 때는 시원한 에어컨이 되어 주고 싶다.

날씨에 따라 자동으로 바뀌어야 할 나의 임무를 위해 오늘도 다짐한다. 더욱더 건강한 선생님이 되어 공부하고 싶어 하는 아이들과 청년들을 보살피겠다고. 내가 빈민촌 아이들을 위해 할 수 있는 일은 사랑해 주고, 품어 주고, 안아 주고, 감싸 주고, 위로해 주고, 격려해 주고, 기도해 주는 일이다. 나는 어린 이웃들을 향한 거룩한 격려를 앞으로도 멈추지 않을 것이다.

 Chapter. 2

밤에 벌이는 사투

나는 캄보디아 하면 항상 뜨거운 햇살과 무더운 날씨를 떠올렸다. 막상 캄보디아 빈민촌 마을에 도착하고 보니 나를 맨 처음 반겨 준 것은 엄청나게 많은 모기떼였다. 모기들은 처음 본 나를 집중 공격하며 괴롭혔다. 피부도 하얗고 샴푸 향도 나서인지 좀처럼 내 주변에서 떠나지 않았다. 며칠 뒤 알게 된 것은 나만 모기에 민감하지 빈민촌 아이들과 청년들은 그다지 모기를 신경 쓰지 않는다는 사실이었다. 아무튼 초창기에는 살이 퉁퉁 붓도록 모기에게 물리고 또 물렸다. 잠을 자다가 모기가 웽웽 거리는 소리가 들리기만 하면 벌떡 일어나 잠을 이루지 못했다. 빈민촌에 살게 된 지 6년이 된 지금은 캄보디아 사람 다 된 나를 모기가 알아보는지 훨씬 덜 물리는 것 같다. 가끔 모기에게 물려도 별로 간지럽지 않아 나도 타국의 생활에 많이 단련되었구나 하는 생각도 들었다.

한번은 모기에게 호되게 당했다. 뎅기모기에게 물려 열병을 치르며 극심하게 고생을 한 것이다. 일주일 내내 열이 나고 아무것도 먹지 못해 시름시름 앓았다. 병원에 가서 뎅기열인지 검사까지 했지만 병원에서는 뎅기열이 아니라고 했다. 링거를 맞고 약도 먹었지만 열은 좀처럼 떨어지지 않았다. 일주일 동안 아무것도 하지 못한 채 방 안에서 끙끙 앓다가 마지막으로 다른 병원을 가 보았다. 그 병원에서는 뎅기열이라는 진단을 내렸고, 이제 거의 회복되고 있다고 말했다. 그때부터 나는 모기 물리는 것을 조심하고 있다.

모기 말고 나를 무섭게 한 곤충은 또 있다. 바로 불개미다. 불개미에게 물리면 굉장히 간지럽고 아프다. 지방교회에 갈 일이 생기거나 외곽으로 가게 되면 나무 밑이나 풀이 있는 곳을 지날 수밖에 없는데, 잘못하다가 시뻘겋고 커다란 불개미가 몸 안으로 들어오면 따끔하게 물리고 만다. 그래서 항상 개미 약을 비상약처럼 들고 다녀야 한다.

모기와 불개미뿐만 아니라 캄보디아 곳곳에는 조심해야 할 것들이 참으로 많다. 때때로 떼로 날아다니는 나방으로 인해 피부병에 걸리기도 하고, 갑자기 출몰하는 도마뱀 때문에 기겁을 한 적도 있었다. 열대나라에 오면 쉽게 볼 수 있는 것이 작은 도마뱀이다. 내 방 안에도 항상 나타나는데 처음에는 갑자기 튀어나올 때마다 심장이 내려앉는 듯했다. 지금은 함께 살고 있는 가족처럼 느껴지고 도마뱀에 놀라는 일도 부쩍 줄어들었다. 가끔씩 한국에서 오는 선교팀원들이 도마뱀을 보고 놀랄 때마다 그 모습에 나도 모르게 웃곤 한다. 도마뱀은 인체에 해로운 모기나 작은 하루살이들을 먹는 동물이기에 오히려 없어서는 안 될 존재이다.

이 정도면 제법 열대나라에 숙달된 선생님이라 인정받을 수 있겠다 싶었는데, 이게 어찌 된 일인가. 나를 기절시킬 정도로 놀라게 한 존재가 또 나타났다. 어느 날 밤 3층 숙소 복도에 무엇인가 시커먼 것이 날아 들어왔다. 조금 큰 나방이겠거니 생각했는데 다음날 아침 복도에 동물의 흔적이 남아 있었다. 살펴보니 배설물이어서 쥐가 있는 줄 알고 끈끈이를 사서 복도에 두었다. 그런데 이상하게도 쥐는 잡히지 않고 배설물은 계속 복도를 더럽혔다. 날마다 더러워지는 복도를 청소하며 의아해하던 나는 그 배설물이 쥐의 것이 아니라는 느낌이 들었다.

그날도 평소대로 밤늦게까지 사역을 마치고 씻기 위해 세면장으로 향했다. 세면장의 불을 켜려고 하는 순간 나는 소리를 지르며 주저앉았다. 세면장 바로 앞의 형광등에 시커먼 무엇인가가 주렁주렁 매달려 있는 것이었다. 너무 놀라 이러지도 저러지도 못하는

데 청년들이 내 비명소리를 듣고 후다닥 올라와서는 갑자기 빗자루를 들고 시커먼 검은 물체를 잡기 시작했다.

  청년들의 순발력에 의해 시커먼 물체는 잡혔고 나는 그것을 들여다보고는 깜짝 놀라 비명을 질렀다. 그것은 바로 박쥐였다. 태어나서 처음 본 박쥐의 모습은 작지만 너무 흉측하고 무서웠다. 흡혈귀 같은 이빨을 볼 때는 공포가 밀려왔다. 박쥐를 잡았으니 이제 나타나지 않겠지 안심했건만, 박쥐는 날마다 찾아왔다. 나타나는 그 시간이 세면장으로 가는 시간이라 나는 늘 무서움에 떨어야 했다. 건물 곳곳에 공기가 통하도록 구멍이 뚫린 곳이 많은데, 아마도 그곳으로 박쥐가 들어오는 것 같았다. 한동안 나는 박쥐에 대한 공포에 시달려 화장실 가는 것도, 컴컴한 복도를 혼자 지나는 것도 하지 못했다. 그러던 어느 날부터 박쥐가 찾아오는 시간이 달라졌다. 내가 세면장에 가는 시간에는 더 이상 나타나지 않는 것이다. 다음날 아침 복도에 나가 보면 박쥐가 다녀간 흔적만 보였다. 영리한 박쥐가 무서워하는 나를 배려해서 나랑 마주치는 시간을 피해 왔다간 것 같은 생각이 들었다. 나는 처음으로 박쥐가 고마웠다.

내가 살고 있는 곳이 선교지임을 알게 해 주는 모기, 불개미, 도마뱀, 박쥐. 이제 그들이 그리 무섭지도 않고 어떤 때는 친근한 생각까지 드는 걸 보면 내가 캄연희라는 사실을 다시금 실감하게 된다. 나는 이렇게 시간이 흐르면서 타국의 문화와 전통과 날씨에 적응해 가고 있었다.

Chapter. 3

고기 요리의 정체

　캄보디아에 처음 왔을 때 나는 이곳 사람들의 주식을 보고 깜짝 놀랐다. 먹을 것이 풍족하지 못하기에 각종 벌레 등을 음식으로 먹는 것이다. 한국에서는 상상도 못할 음식들이었기에 나에게는 엄청난 충격이었다.

　한 번은 오리 알이 부화되기 3일 전에 삶아 파는 '봉띠어 꼬은'이라는 음식을 접했는데, 하얀 오리 알 표면에 작은 오리 새끼의 날개와 뼈, 내장과 눈, 부리 등이 고스란히 비치는 것을 보고 기절할 뻔했다. 이런 음식이 캄보디아 최고의 영양식이며 많은 사람들이 즐겨 먹는다는 이야기를 듣고 다시 한 번 놀랐다.

'알을 깨고 나왔으면 귀여운 아기오리로 세상을 누볐을 텐데…….'

나는 아무리 몸에 좋은 보양식이라고 해도 자꾸 아기오리의 모습이 떠올라 '봉띠어 꼬은'을 제대로 먹을 수가 없었다.

이뿐만이 아니다. 시장에 가면 바퀴벌레를 비롯한 다양한 벌레와 도마뱀을 양념해서 팔기도 하고 심지어 쥐도 먹는다. 모두가 다 내 평생 잊지 못할 특별하고도 특별한 별난 음식들이다.

어느 날 평화교회에서 사역하고 있을 때의 일이다. 교회 사찰 집사님과 여 집사님이 한국에서 귀한 손님이 왔다고 아주 귀한 요리를 해 주겠다고 하셨다. 나는 오전 사역을 마치고 점심시간에 식당으로 갔다. 식탁 위에 정말 보기만 해도 먹음직스러운 고기 요리가 놓여 있었다. 영양보충을 위해 특별히 사찰 집사님이 준비하셨다고 해서 더 군침이 돌았다. 어떤 고기인지에 대해서는 아무도 이야기하지 않고 그저 맛있는 고기이니 마음껏 먹으라고 하셨다.

배가 고팠던 나는 돼지갈비 양념처럼 달콤하게 버무려진 고기 요리를 정신없이 먹었다. 그런데 우연히 고기 덩어리에서 짧고 검은 털을 발견했다. 나는 옆에 있는 자매에게 무슨 고기인데 이렇게

털이 짧으냐고 물었지만 아무도 나의 질문에 답을 해주지 않았다.

　한참이 지나서야 내가 그렇게도 맛있게 먹었던 고기가 돼지도, 닭도, 소도 아닌 바로 쥐고기였다는 사실을 알게 되었다. 누군가 쥐를 잡는 사진까지 찍어 놓았다. 캄보디아 쥐는 한국 쥐와 달리 식용 쥐이기 때문에 요리 재료로 쓰인다고 했다. 나는 사진을 본 순간 갑자기 머릿속이 하얘지고 속이 울렁거렸다.

　이런 경험을 할 때마다 내가 다른 문화권에 사는 이방사람이라는 사실을 새삼 깨닫게 된다. 한편으로는 이렇게 비위가 약해 선교 사역을 제대로 할 수 있겠나 하는 반성도 하게 된다. 너무나 약한 나 자신을 보며 선교사의 자질이 부족함을 느낀 것이다.

　먹는 것이 서로 달라 음식 충격을 받는 이는 나뿐만이 아니었다. 빈민촌 아이들과 청년들도 내가 먹는 한국 음식을 신기해하거나 놀라서 감히 먹으려고 하지 않았다. 하루는 선교팀이 깻잎을 반찬으로 가져다주면서 청년들에게 먹어 보라고 권한 적이 있었다. 청년들은 조심스레 맛을 보고 깜짝 놀라 했다. 어떻게 이런 풀잎으로 반찬을 해먹는지 이해하지 못하는 표정이었다.

　이렇듯 문화의 차이는 내가 생각한 것 이상으로 컸다. 외국 사람이 한국에 와서 깻잎, 삭힌 홍어, 묵은 김치, 청국장 그리고 번데기를 먹을 줄 알면 한국 사람이 다 된 것이라는 말을 들은 적이 있다. 그만큼 우리나라 음식도 외국 사람들에게는 낯설고 먹기 힘든 것이다. 아직 나도 캄보디아의 현지 음식이 낯설고 적응하기 어렵지만, 그 낯설음을 하나님을 향한 믿음과 신앙으로 이겨 낼 수 있음에 감사드린다. 언젠가는 사랑하는 빈민촌 사람들이 맛있게 먹는 음식을 아무렇지 않게 먹을 날을 기대해 본다.

Chapter. 4

빈민촌 아이들의 별난 간식

어느 날은 빈민촌 아이가 정체불명의 봉지를 들고 와서 자랑을 했다. 처음에는 무엇인지 몰라 도대체 무엇이기에 저렇게 즐거워하나 싶었다. 하지만 봉지를 열어본 순간 나는 "악" 하고 비명을 지르고 말았다. 시커먼 벌레들이 가득했던 것이다. 나의 반응에 아이들은 재미있다는 듯이 배를 움켜잡고 웃었다. 이런 벌레를 왜 가지고 왔느냐고 묻자 과자처럼 아삭거리고 맛있어서 간식으로 먹는다고 했다. 엄마가 교회에 가서 배고플 때 먹으라고 싸주신 것이라는 것이다.

이 알 수 없는 검은 벌레 과자의 이름은 '쩜르엇'이라고 했다.

이렇게 날아다니는 벌레를 잡아 볶아 먹으면 맛도 좋고 영양도 좋다고 하는데, 나는 온몸에 소름이 돋았다. 너무나 맛있게 먹는 모습에 안쓰럽기도 했다. 얼마나 먹을 것이 마땅하지 않으면 벌레를 과자로 먹을까 싶었다.

사실 캄보디아는 폴포트 정권 시절 크메르루즈 군인들이 무참하게 사람들을 붙잡아가 고문하고 학살하면서 온 나라가 공포에 떨어야 했다. 그때 사람들은 한 끼 먹을 음식조차 없어서 벌레로 허기진 배를 채웠다고 한다. 지금도 시장에 가면 거미를 양념해서 파는데 왕거미는 비싸서 못 사먹는 음식에 속했다.

아이들이 벌레를 아무렇지 않게 먹을 때마다 혹시 나에게도 먹으라고 권하면 어쩌나 하는 걱정이 될 때도 있었다. 만약 아이들이 권했는데 내가 받아먹지 않으면 아이들 마음이 상하려나 싶어 아찔하기도 했다. 감사하게도 빈민촌 아이들에게 '쩜르엇'은 최고로 맛있는 간식이기에 봉지를 여는 순간 눈 깜짝할 사이에 사라져서 나에게는 권할 틈조차 없다.

이곳 캄보디아에서 별난 음식들을 접한 뒤로 나는 빈민촌 아이들에게 좀 더 맛있는 간식을 찾아 주고 싶었다. 그래서 생각해 낸 것이 바로 고구마였다. 내가 워낙 고구마를 좋아하는데다가 포만감을 주는 음식이기에 아이들에게 딱 맞을 것 같았다. 고구마를 쪄서 간식으로 주려고 했더니 고구마는 폴포트 정권 때 배고픔을 견디려고 신물 나도록 먹었던 것이라며 어른들은 아픈 기억을 떠올렸다.

 가정에서 자주 먹지 않아서인지 삶은 고구마가 별로 인기가 없었다. 알고 보니 캄보디아 고구마는 한국 고구마처럼 달지 않았다. 나는 어린 시절 맛있게 먹던 달콤한 고구마를 생각하며 그냥 퍽퍽하기만 한 고구마에 설탕을 잔뜩 넣고 버무렸다. 아이들은 처음에는 낯설어 하다가 한두 번 맛을 보더니 맛있게 먹었다. 간식으로 고구마를 먹고 배가 부르다며 고사리 손으로 볼록한 배를 두드릴 때는 천사가 따로 없다.

 로마에 가면 로마법을 따라야 하듯이 나는 가끔 아이들이 좋아하는 간식을 준비한다. 두세 살밖에 안 된 어린아이들도 내가 먹지 못하는 음식들을 허겁지겁 잘도 먹는다.

 '그래, 무엇이든 잘 먹는 게 좋지. 애들아, 부디 건강하게 자라다오.'

 나는 해맑은 아이들이 벌레 과자를 먹는 모습을 보며 빙그레 미

소 짓는다. 이렇게 사랑스러운 아이들이 굶주리지 않도록 많이 먹여 주고 싶다. 어떤 학생은 어려서부터 고기를 먹은 적이 없어서 고기를 제대로 소화해 내지 못해 밥과 죽밖에 못 먹는다. 때때로 아이들이 간장만으로 밥을 먹을 때 보면 마음이 짠해진다. 아무리 간식을 챙겨 주어도 살이 찌지 않는 학생도 있는데 금방이라도 쓰러질 것 같아 항상 안쓰럽다.

언제나 내 머릿속에는 '무엇을 먹여 주어야 할까?' 라는 생각으로 가득하다. 뜨겁게 찬양하며 열정적으로 기도하는 빈민촌 아이들을 위해 영육간의 양식을 채워 주고 싶다. 부지런히 많이 먹여서 빈민촌 아이들과 청년들이 아프지 않고 조금이라도 더 건강하기를 기도해 본다.

Chapter. 5

비에 행복해하는 사람들

어렸을 때 내가 살던 동네에 태풍으로 많은 비가 내려 모든 집이 물에 찼던 적이 있었다. 하늘에 커다란 구멍이 난 듯 퍼붓는 폭우로 순식간에 불어난 물이 집 안 곳곳으로 철철 넘어 들어왔다. 하수구까지 역류하여 순식간에 방안과 거실이 물에 차기 시작했고, 정전까지 되자 우리 가족은 너무 놀라 어쩔 줄을 몰랐다. 무섭고 떨려 세숫대야를 들고 나가 물을 퍼내려고 안간힘을 썼지만 역부족이었다. 방 안까지 밀려들어 오는 하수도 물을 막으려고 노력해도 소용이 없자 하염없이 눈물만 흘렸다. 온 동네가 물바다가 되었고, 새벽 내내 물과의 전쟁을 하다 보니 온몸이 쑤시고 아팠다. 다음 날도 모든 가전제품과 이불, 옷 등을 말리며 고생을 했기에 천둥이 치며 비가 오는 날은 나도 모르게 긴장하게 된다.

 캄보디아도 비가 많이 내리면 온 마을이 물에 잠긴다. 빈민촌 마을에도 비가 많이 내려 마을 전체가 잠겨 고생한 적이 한두 번이 아니다. 특히 하수구 물이 역류하고 오물이 다 흘러나와 마을 전체가 오물 바다가 되어 버리면 여기저기서 난리가 난다.

 우기철만 되면 오물이 골칫덩이다. 하수구관도 가늘어 물이 쉽게 빠지지 않고 이 마을 저 마을 땅을 높여 현재로서는 우리 교회 앞에만 물이 고인다. 그래서 우기철에는 교회 앞의 땅을 몇 개월씩 보기가 어렵지만 불개미 떼가 모조리 사라져 개미 떼를 퇴치하느라 약을 뿌리는 수고는 잠시 덜게 된다.

사실 캄보디아 사람들은 비가 오면 즐거워하며 다들 밖으로 나와 목욕을 하거나 빨래를 하고 항아리와 모든 통에 물을 받느라 분주하다. 빗물을 받아 생활용수로 사용하는 것이다. 아이들도 비 오는 날에는 온 동네를 뛰어다니며 빗물 속에서 수영을 하며 논다. 어디를 가나 어린아이들에게 비오는 날은 즐거운 날인가 보다. 아무튼 빈민촌에 살고 있는 가난한 사람들은 건기철보다 비가 날마다 내리는 우기철에 더 행복한 것 같다. 항상 물 때문에 걱정하는데 날마다 비가 내리는 우기에는 그 걱정을 덜 수 있기 때문일 것이다.

반면에 하수도 시설이 잘 되어 있지 않아 비가 오면 더러운 오물이 온 마을에 가득 차 버린다. 오물이 넘쳐 집 안이나 도로로 밀려들어오면 수인성 전염병이 돌기 때문에 각별히 조심해야 한다.

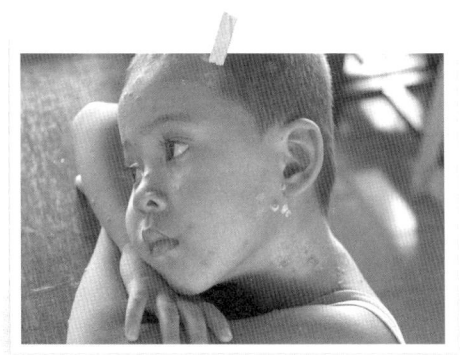

한번은 마을에 고인 물이 빠지지 않아 교회 앞이 온통 오물로 가득 차 있었다. 오물 속에서 각종 벌레가 번식하여 빈민촌 사람들이 피부병과 질병에 걸리기도 했다. 수돗물도 오염이 되어 내 몸에도 두드러기가 나기 시작했다. 간지러워서 연신 약을 바르며 심각한 피부병이 아니기를 매일 기도했다.

'그래, 이 정도의 고생은 각오하고 왔으니, 이겨 내는 거야' 하며 이를 악 물었다. 아픔에 지면 안 된다고 몇 번이나 스스로 다짐했다. 나의 가장 무서운 적은 질병이고 아픔이다. 내가 아프면 나의 꼬마 제자들이 슬퍼하기에 거룩한 해병대가 되어 빈민촌 아이들을 지켜야 하고 거룩한 공수부대가 되어 나를 향해 다가오는 모든 질병을 퇴치해야 한다.

하나님이 주신 사명감은 어떠한 어려운 환경도 극복할 수 있는 힘을 주는 것 같다. 이렇게 살기 어렵고 힘들어도 한국으로 돌아가겠다는 생각이 들지 않는 것을 보면 말이다. 그만큼 빈민촌 아이들이 내 마음속 깊이 들어와 있다는 증거일 것이다.

사랑은 열악한 환경을 견디게 하는 백신이고, 어렵고 힘든 모든 상황을 견딜 수 있게 해 주는 거룩한 힘이다. 가난하지만 사랑스러운 제자들이 내 곁에 있기에 나를 향해 밀물처럼 밀려오는 모든 어려움을 견뎌 낼 수 있는 것 같다. 나의 사랑하는 아이들이 무럭무럭 자라나 언젠가 캄보디아의 지도자가 되기를 간구한다.

Chapter. 6

오물과의 전쟁

하루는 수업을 마치고 밤 9시에 중국화교 아이들을 집에 데려다 주러 가는 길이었다. 그날도 비가 억수같이 퍼부었다. 가장 멀리 사는 시우엥 자매와 시우향 자매의 집으로 가면서 골목으로 들어섰다. 장화를 신었는데도 물 수위가 높아 장화 안으로 지독한 냄새가 나는 오물이 들어왔다. 나는 순간 걱정이 되어 시우엥 자매 집으로 서둘러 향했다.

그런데 이게 웬일인가. 반 지하에 살고 있는 시우엥 자매의 집이 물에 잠기고 만 것이다. 모든 것이 물로 차 있어 일상생활을 할 수 없는 상태였다. 시우엥 자매의 어머니는 나를 보자마자 눈물을 뚝

뚝 흘렸다. 적절한 위로의 말이 떠오르지 않아 한동안 막막했다. 내 힘으로 해 줄 수 있는 것은 아무것도 없었다. 정부로부터 어떤 보상을 받을 수 있는 상황도 아니어서 더욱더 가슴이 아리고 답답했다. 빈민촌에 닥친 모든 상황들을 바라보며 힘차게 기운을 내어 함께 기도를 올리자고 했다. 우리는 하염없이 눈물을 흘리며 이 어려운 상황을 잘 극복할 수 있게 해달라고 기도를 드렸다.

다음 날 교회 청년들과 함께 시우엥 자매의 집에 가서 방안에 가득 찬 역겨운 오물을 퍼냈다. 다들 도와주고 싶다고 두 팔을 걷어붙이고 나섰다. 인근 대형 공장에서 나온 화장실 오물이라 냄새가 많이 나고 몸에 닿으면 간지러워지는 더러운 물이었지만 모두들 기쁨으로 물을 퍼냈다. 고약한 냄새도 어려움에 처한 이웃을 도와주는 것을 막을 수는 없었다.

방 안에 가득 찬 하숫물을 하루 종일 퍼냈지만 열악한 하수구 시설과 공장에서 나오는 오물로 인해 계속 물이 흘러 들어왔다. 우리는 물을 다 빼주지 못한 채 돌아올 수밖에 없어서 미안할 따름이었지만 교회 친구들의 사랑을 느낀 시우엥 자매와 어머니의 얼굴은 한결 밝아져 있었다.

제발 더러운 오물로 인해 우리 아이들이 아프지 않았으면 하는 마음이다. 한 명이 아프면 60여 명 아이들 모두가 전염되어 피부병에 걸린다. 피부병은 온몸으로 퍼지고 고열이 나서 어린아이들을

몹시도 괴롭히는 병이다. 캄보디아 사람들의 민간요법에 의하면 우기철 피부병은 오물로 목욕을 하면 금방 낫는다고 하는데, 나는 그 이야기를 듣고 까무러칠 뻔했다. 어떻게 해서든 빨리 나을 수 있도록 임시 간호사가 되어 약을 발라 주었다. 아팠던 한 학생이 다 나으면 또 다른 학생이 병에 걸렸다. 나는 아이들에게 수시로 약을 발라 주면서 이 전염병이 빨리 사라져 주기를 기도했다.

릴레이처럼 병이 돌고 돌아 모든 아이들에게 약을 발라주고 나서야 가득 차 있던 오물이 다 빠져 비로소 땅을 볼 수 있게 되었다. 캄보디아에서는 물이 다 빠질 때까지 기다릴 수밖에 없는 것이 현실이다. 교회 청년들과 함께 삽으로 하수구를 파보기도 하고 양수기로 물을 뽑아내기도 하지만 결국 기다림이 유일한 해답이었다.

애가 타도록 기다리면서 우리는 더 하나님께 매달리게 되고 그 일을 통해 예수님의 사랑으로 하나가 된다. 힘들어 하는 이웃을 사랑해 주고 어려움에 처한 이웃을 나의 일처럼 도와 줄 때 거룩한 사랑이 맹렬하게 이웃에게 전파되어 가는 것을 볼 때 조금이라도 더 도와주고 싶다.

안타깝게도 아무것도 아닌 병에 시달려 죽게 되는 이곳 사람들의 숙명을 바라보며 눈물을 흘릴 때도 있다. 어려운 환경 속에서 살면서 예수님을 알게 되고 교회에 나와 예배를 드리며 새로운 소망을 찾는 모습을 볼 때마다 하늘을 날 것처럼 행복해진다. 시우엥 자매와 어머니의 얼굴에 나타나는 밝은 미소처럼 말이다. 정말 예수님의 사랑은 위대하고 위대하다. 작은 도움이 가정을 살리고 조그만 헌신이 동네를 변화시킬 때마다 이웃을 향한 사랑을 멈추지 말아야겠다고 다짐하는 것은 사랑받는 사람은 사랑 받아서 행복하고 사랑하는 사람은 사랑할 수 있어서 행복하기 때문이다.

2. 가난의 아픔을 끌어안고

아파도 교회가 좋아요 / 소파 전도사의 마음 찬양 /
다린의 목욕 / 손톱 깎기 사역 / 상처투성이 아이들 / 맨발의 빠야

 Chapter. 1

아파도 교회가 좋아요

어린 시절 나는 몸이 약해 자주 고열에 시달렸다. 경련을 일으켜 목숨을 잃을 뻔한 적도 한두 번이 아니었다. 어느 날, 부모님이 볼일이 있어 잠시 나간 사이 4살 위인 오빠가 나를 돌보고 있었다. 갑자기 경련을 일으키는 나를 보고 깜짝 놀란 오빠가 내 얼굴에 찬물을 확 끼얹어 정신을 차리게 했는데 오빠의 응급처치가 아니었다면 내가 지금 이 빈민촌에 있을 수 있을까 싶다. 아팠을 때 누군가의 도움과 보살핌을 통해 회복된다는 것은 너무나 값어치 있는 일이다.

성인이 된 나는 어디에 가나 여전히 병을 달고 다닌다. 아토피성 피부병, 폐결핵, 늑막염, 망막박리, 방광염 등 나의 몸은 각종 질병을 안고 있는 종합병원이나 다름없다. 달리는 앰뷸런스라는 말이 더 적합한 것 같다. 내가 너무나 많이 아파 보아서 빈민촌의 아이들이 아프면 내가 아픈 것처럼 걱정되고 가슴이 저려 온다. 영양실조에 걸린 아이들은 아파도 집에서 쉬지 않고 교회에 나와 공부를 하려고 무진 애쓴다. 부모님은 한 푼이라도 더 벌기 위해 일터로 나가고 집에는 아무도 돌봐 줄 사람이 없기에 아픈 몸을 이끌고 기어코 교회까지 오는 것이다. 교회에는 선생님도 있고, 비상약도 구비되어 있어서 오히려 교회가 더 안전할 수도 있다고 생각하는 것 같다.

아이들이 아플 때 교회로 오는 것이 귀찮고 짜증나고 스트레스를 받는 것이 아니라 오히려 감사하다. 아이들의 머릿속에 아프면 교회로 가야 한다는 그런 생각을 가지고 있다는 것만으로도 복음 전도에 많은 도움이 되기 때문이다. 어린아이들한테는 교육이 중요한데 어릴 때부터 교회에 대한 긍정적인 생각을 갖는 아이들이 오히려 고마울 뿐이다.

열이 펄펄 끓는데도 집에 가지 않고 교회 책상에 엎드려 있는 아이들이 종종 눈에 띈다. 어릴 때부터 영양이 부족한 아이들이기에 얼굴에는 버짐이 피어 있고 몸도 앙상하여 바라만 보아도 마음이 아프다. 집에 가서 쉬라고 해도 도무지 가지 않는다. 아무도 없는

판잣집에서 혼자 있는 것이 싫다고 했다. 보살펴 줄 사람이 없어 아파도 교회에 있고 싶다고 한다. 이제 교회는 아이들과 청년들의 집이자 학교요, 놀이터이자 보건소이며 쉼터가 된 것 같다. 가난한 어린아이들이 무엇을 알 까마는 아프면 교회에 가고, 배고파도 교회에 가고, 놀 때도 교회에서 놀아야 한다는 생각을 갖는 것만으로도 나는 고맙기 그지없다.

나는 아이들이 아플 때를 대비해서 해열제와 비타민을 꼭 챙겨 놓는다. 영양실조로 열이 들끓는 아이에게 해열제를 먹이면 급속도로 열이 떨어지고 편안한 잠을 자게 되기 때문이다. 한 아이가 아프면 다른 아이들이 몰려와 옷을 벗어 덮어 주기도 하고 가방을 베개 삼아 눕히고 어서 빨리 열이 내리기를 두 손 모아 기도한다. 나 역시 아이가 한결 나아지는 걸 볼 때마다 안도의 한숨을 내쉰다.

교회에 나오는 아이들은 집에서 지내는 아이들보다 훨씬 즐겁게 지낸다. 아침 8시부터 저녁 10시 30분까지 교회에서 공부하고, 성경을 읽고 쓰고, 찬양하고 기도하면서 여러 활동을 하기에 우리 아이들은 영재 교육을 받는 셈이다. 오늘도 우리 빈민촌 아이들은 예수사관학교에서 규칙적인 생활을 하면서 자라나고 있다.

　정해진 시간에 간식도 하루에 세 번 정도 먹인다. 사탕, 쥐포, 과자, 라면, 고구마, 호박죽, 과일 등을 챙겨 준다. 시시때때로 먹을 것을 주지 않으면 아이들의 체력이 급속도로 떨어져서 금방 지치기 때문이다. 아이들의 배를 곯지 않게 해야 공부도 할 수 있고 예배도 드리고 찬양과 기도도 할 수 있다. 나는 늘 영양실조에 걸린 아이들이 어떻게 지도자가 될 수 있겠는가라는 생각을 하고 있다. 한국에 있을 때 교회 선배가 사관학교에 다니는 것을 보았는데, 국가의 지원을 받아 좋은 시설에서 훌륭한 교육을 받는 모습이 무척 보기 좋았었다. 나는 대한민국의 장교를 키워내는 사관학교처럼 우리 빈민촌 아이들도 가능한 잘 먹이고 잘 가르치고 싶다는 열망이 있다.

 Chapter. 2

소파 전도사의 마음 찬양

어느 날부터인가 미소가 멋진 소파 전도사가 보이지 않았다. 오래전부터 식도염으로 목이 아프고 열이 자주 나서 걱정을 하고 있었는데, 그 병이 더 커졌나 싶어 마음이 내내 불안했다. '몸이 아파도 항상 아이들 꾸준히 잘 가르치는 일을 멈추지 않는 신실한 전도사인데……. 하나님, 소파 전도사를 지켜 주세요.' 나는 마음속으로 기도를 드렸다.

소파 전도사가 교회에서 살게 된 지 어느덧 10년이 넘었다. 아버지는 군인이고 어머니는 학교 선생님이었는데, 아버지가 다른 살림을 차리게 되고 어머니가 일을 못하게 되면서 소파 전도사의 집은 경제적 어려움에 처하게 되었다. 학교에 다니지도 못하고 밥도 제대로 챙겨 먹지 못할 만큼 가난했던 소파 전도사는 어릴 적에 친구를 따라 교회에 나오게 되었다. 그런 그가 기특하게도 낯선 교회 문화에 잘 적응해 나가면서 열심히 공부하여 대학을 졸업하고 충실한 주님의 종으로 주일학교에서 아이들을 가르치고 있다.

모든 일에 솔선수범하고 교회 일을 자신의 일처럼 소중하게 생각하는 맑은 영혼의 소유자이기에 교회 아이들과 청년들에게도 인기가 많다. 소파 전도사를 부르는 호칭도 여러 가지인데 영어 선생님, 태권도 선생님, 찬양 인도자, 워십댄스 단장, 이발사 등 셀 수 없이 많다. 그만큼 교회에서 수많은 일들을 성실히 감당해 내고 있는 것이다.

그의 헌신을 옆에서 지켜볼 때마다 감사의 기도가 저절로 나온다. 한 사람을 통해 많은 빈민촌 아이들과 청년들이 예수님을 알아가면서 성장하는 것을 경험하기 때문이다. 친절하고 순박한 소파 전도사는 나의 소중한 제자이며 귀한 믿음의 동역자이다. 그는 몸이 아플 때나 가정에 문제가 생길 때도 세상과 타협하지 않고 주님만 바라보고자 노력했다. 고통 가운데 있는 그를 보면서 그의 아픔이 남의 일 같지 않아 함께 기도하며 용기를 주었다. 피부색도 다르고 언어도 다르지만 우리는 하나님 안에서 동일한 마음을 느낄 수 있었다. 소파전도사는 10년이 넘도록 단 한 번도 문제를 일으키지 않았고 단 한 번도 말썽을 부린 적이 없다. 그는 그렇게 신실하고 그렇게 충실했다.

눈 정기검사를 위해 잠시 한국에 나와 있는 동안 소파 전도사가 수술을 했다는 사실을 뒤늦게 알게 되었다. 소파 전도사는 목 수술을 하려고 오래전부터 기도했었는데, 번번이 수술비와 입원비가 없어서 뒤로 미루고 있었다. 그렇게 2년여 동안 수술비를 모으고 있었는데, 갑자기 병이 악화되어 긴급 수술에 들어갈 수밖에 없었던 것이다.

이런 안타까운 소식을 전해들은 나는 가슴이 아려왔다. 명절에도 가족을 만나러 가는 대신 교회를 지키며 고아들을 보살핀 소파 전도사의 유일한 가족은 교회 식구들이었다. 하지만 모두들 가난하여 큰돈으로 도와주지 못하고 그저 눈물의 기도를 드리며 주님의 뜻을 기다리고 있었다. 그러다가 소파 전도사의 아픈 소식을 듣고 빈민촌의 전 성도들이 예배 후에 십시일반 헌금을 모아 10달러 정도를 마련했다. 이 금액은 120명 남짓 되는 성도들이 한 주에 드리는 전체 헌금의 두 배나 되는 돈이었다. 가난한 성도들이 병원비로 이 정도의 헌금을 모은 것은 아주 대단한 일이었다. 대부분의 성도들이 직장이 없고, 혹여 직장이 있어도 소득이 거의 없기 때문이다. 그런 어려운 상황 속에서 성도들이 작은 액수라도 온 마음을 담아 병원비에 보태 주는 모습을 보면서 얼마나 감사했는지 모른다.

소파 전도사는 다행히 수술은 마쳤지만 병원비가 부족하여 입원은 하지 못하고 교회로 다시 돌아왔다. 수술 후에는 찬양은 물론 크게 소리 내는 것조차 조심해야 했다. 그는 예배시간에 입을 다물고 조용히 허밍하며 찬양했다. 목 수술을 하여 목소리를 낼 수 없어 마음과 손가락으로 찬양하는 모습을 바라보자 울컥 눈물이 치솟았다. 하나님을 향해 높이 손을 들어 찬양하는 소파 전도사의 모습이 마치 천사의 모습 같았다. 그의 손가락이 박자에 맞추어 움직이며 가볍게 떨렸다. 그는 이미 온몸으로 그가 가지고 있는 모든 것을 다 드려 찬양하고 있었다. 그가 마음으로 부르는 찬양을 하나님께서 가장 기쁘게 받아 주시리라는 생각이 들었다. 나는 마음속으로 기도했다.

'하나님, 참 감사합니다. 이렇게 마음으로 찬양하는 아름다운 모습을 볼 수 있어 행복합니다. 신실한 소파 전도사의 맑은 영혼을 하나님께서 더욱 기뻐하시리라 믿습니다. 하루 빨리 회복되어 아름다운 목소리로 하나님께 영광 돌릴 수 있게 해 주세요.'

 Chapter. 3

다린의 목욕

곱슬머리에 커다란 눈망울, 기다란 속눈썹을 가진 6살의 예쁜 다린. 빈민촌 판잣집에서 살며 날마다 흙바닥에서 놀던 다린이 교회에 나오게 된 것은 지난해부터이다. 매일매일 교회에 나와서 열심히 공부하는 다린을 보면 기특하면서도, 머리에 이가 가득하고 손톱에 잔뜩 때가 낀 모습을 볼 때마다 항상 안쓰러웠다.

어느 날부터는 다린의 목 주위가 울긋불긋하여 자세히 들여다보니 땀띠 같은 것이 붉게 번져 있었다. 현지 담당 선생님의 말에 의하면 날씨가 더워서 생기는 일종의 피부병이라고 했다. 나는 그런 다린을 애처롭게 바라보며 말했다.

"다린, 땀띠가 심해지지 않게 집에 가거든 꼭 목욕을 해야 한다."

다린은 내 말에 고개를 끄덕이며 집으로 돌아갔다.

하지만 다음날 보니 다린의 상태가 더 심해져 있었다. 목욕을 했냐고 묻자 일곱 번이나 했다는 말에 나는 의아해했다. '목욕을 하는데, 왜 피부병이 더 나빠지는 걸까?' 나는 계속 다린이 마음에 쓰여 피부병에 잘 듣는 약도 찾아보고 했지만 무엇을 어떻게 발라 주어야 할지 막막했다. 내가 할 수 있는 일은 별로 없었다. 이럴 때는 내가 의사나 간호사면 얼마나 좋았을까 라는 한탄이 절로 나온다.

그러던 어느 날 비가 내리는데 멀리서 빗물을 맞으며 목욕하는 다린을 우연히 보게 되었다. 다린은 지금껏 빗물과 하수로 가득 찬 오물에서 목욕하며 놀았던 것이다. 하루에 일곱 번 목욕한다는 것은 바로 빗물이나 오물로 한 목욕을 의미했다.

그 순간 나는 뒤통수를 세게 얻어맞은 듯했다. 아이들의 생활을 일거수일투족 다 안다고 생각했는데, 나는 아직도 한참 멀었다는 생각이 들었다. 다린의 형편을 헤아리지 못하고 깨끗하게 목욕하라는 이야기만 했으니 말이다. 목욕을 했냐는 나의 물음에 천진난만하게 일곱 번 목욕했다고 대답했던 다린의 얼굴이 떠오르자 눈시울이 붉어졌다. 다린의 피부병이 낫지 않고 더 심해진 이유가

이제 확실해졌다. 더러운 물 때문에 피부병이 덧나고 때가 낀 손톱으로 긁어대어 상처가 더욱 깊어진 것이다. 더군다나 다린은 어릴 때부터 잘 먹지 못해 영양부족으로 팔에는 오돌토돌한 작은 부스럼들이 많았다.

'한국에서는 날마다 깨끗한 물로 목욕할 수 있는데……. 깨끗한 물이 찰랑거리는 욕조에서 다린을 목욕시켜 주면 얼마나 좋을까.'

나는 어디서든 맑은 물을 끌어와 아이들이 마음껏 깨끗하게 목욕할 수 있게 해주고 싶었다. 다른 부유한 나라에서는 얼마든지

가능한 일이 이곳 캄보디아에서는 마음속으로 간절히 비는 소원이라는 사실에 마음이 서글퍼졌다.

'하나님, 이 아이들이 비록 오물에서 목욕하고 있지만, 어느 누구보다 몸과 마음이 건강한 아이들로 성장할 수 있도록 지켜 주세요. 어서 빨리 이 나라가 부강해져서 수돗물을 마음껏 사용하고 하수도가 설치되어 더러운 물을 마음껏 버릴 수 있도록 해 주세요.'

내가 살고 있는 이 빈민촌 사람들의 기도 제목은 너무나 소박하다. 배고프지 않는 것이 기도제목이고 학비 걱정 없이 마음껏 공부하는 것이 애절한 간구이며, 맑은 수돗물이 나오고 하수도 물을 안전하게 버리는 것이 애타는 기도제목이다. 깨끗한 물로 마음껏 목욕하고 빨래할 수 있는 그날이 반드시 오리라 믿는다.

Chapter. 4

손톱 깎기 사역

몇 년 전 신종플루로 인해 전 세계가 비상에 걸린 적이 있었다. 한국의 방송뿐만 아니라 세계 각국의 방송에서 신종플루 감염에 대한 뉴스가 실시간으로 보도되면서 감염자가 계속 늘어날 것이라고 했다. 많은 사람들이 예방주사도 맞고 타미플루약도 복용하는 것을 보면서 나도 모르게 걱정이 되었다.

며칠 뒤 전 세계를 공포에 떨게 하는 신종플루가 캄보디아까지 번졌으며, 어느 농가에서 시작되었는지 조사조차 힘들어 정부도 대책이 없다는 뉴스를 접한 순간 불안감이 엄습해 왔다. 영양실조로 허약한 빈민촌 아이들이 신종플루에 걸리기라도 하면 속수무책

일 것이 뻔했다. 나는 만일을 대비해 신종플루에 대한 증상들과 생활에서 예방할 수 있는 방법들을 알아두었다.

예방책 중 쉽게 실천할 수 있는 것이 손을 자주 씻는 것이었다. 대부분의 아이들이 손톱도 안 자르고 그 안에 시커먼 때가 끼어 있기에 나는 서둘러 위생교육을 시켰다. 가장 먼저 손을 닦지 않으면 신종플루에 감염될 수 있다고 차근차근 설명하고 나서 비누로 손을 깨끗이 닦는 모습을 보여 주었다. 평소에는 손톱을 깎기 전 그릇 씻는 주방세제로 거품을 내어 대충 손을 닦았는데, 그렇게 씻으면 안 된다고 가르쳤다. 비누칠만 칠하는 것이 아니라 손가락 구석구석을 세심하게 닦도록 시범을 보였더니 다들 재미있는 얼굴로 쳐다보았다.

빈민촌 아이들의 손에 비누를 쥐어 주자 처음 보는 비누를 손 안

2. 가난의 아픔을 끌어안고

에서 굴리며 굉장히 즐거워했다. 아이들은 비누거품을 내어 손을 뽀득뽀득 씻고는 손이 새하얗게 예뻐졌다고 폴짝폴짝 뛰며 좋아했다.

모두들 손을 깨끗이 씻은 뒤 손톱을 깎기 위해 둘러앉았다. 나는 아이들 한 명 한 명의 손을 잡고 정성스레 조심조심 손톱을 깎아 주었다. 왜 아이들은 손톱을 깎지 않은 채 기르고 있는 걸까 궁금했는데, 나중에 알고 보니 집에 손톱깎이가 없어서 그런 것이었다. 아이들은 손톱이 너무 길어서 불편할 정도가 되면 손톱깎이가 있는 집에 찾아가 빌려서 깎는다고 했다. 당연히 있을 것이라고 생각한 손톱깎이가 없는 집이 훨씬 많다는 것을 알고 마음이 아팠다.

뽀얗게 살이 올라야 할 고사리 손들이 상처투성이고 피부도 쭈글쭈글했는데 손톱을 깎아 주고 깨끗하게 닦아 주었더니 아이들은 깨끗해진 손을 바라보며 즐거워하면서 선생님 손이 더 하얗고 예쁘다며 내 손을 만지며 까르르 웃었다. 꼬마 천사들의 미소에 나는 오히려 눈물이 핑그르르 돌았다. 아무튼 고사리 같이 작은 손을 가진 아이들의 손톱을 깎아 주고 나니 내 마음이 날아갈듯 평안해졌다.

나도 어릴 적에는 손톱 밑에 검은 때가 끼도록 친구들과 놀러 다녔었는데 그럴 때마다 어머니는 나를 꾸중하며 손톱을 손수 깎아 주셨다. 그래도 다음날이 되면 다시 손톱에 때가 꼬질꼬질 끼곤 했다. 대학생이 되면서는 새하얗고 예쁜 손이 갖고 싶어 손톱 관리도 하고 친구들과 예쁜 색깔의 매니큐어도 칠했다.

이곳 캄보디아 빈민촌에 온 이후로는 하얗고 고운 손에 대해 단 한 번도 생각해 본 적이 없다. 빈민촌 아이들과 청년들에게 밥을 지어주며 아토피성 주부 습진을 달고 살지만 그것은 더 이상 중요하지 않다. 하나님께서 뽀얗게 잘 가꾼 손보다 까칠하고 주름투성이의 손을 더 사랑하실 거라 믿기 때문이다.

나는 가난한 아이들의 손을 씻어 주고 손톱을 깎아 주면서 '하나님께서도 나를 바라보실 때 얼마나 깨끗이 닦아 주고 싶어 하실까?' 라는 생각을 했다. 어쩌면 손톱에 때가 낀 아이들보다 내가 더 때가 탄 사람일지 모르겠다. 순수하고 맑은 아이들처럼 나도 내 마음을 대청소하고 싶고 못난 생각들을 손톱 깎듯이 깎아서 오늘도 내일도 변함없이 주님 앞에 서고 싶다.

예수님께서 제자들의 발을 하나하나 씻어 주셨듯이 나도 날마다 아이들의 손을 씻겨 줄 것이다. 말로 하는 사랑보다 손을 씻겨 주는 작은 실천이 이 아이들을 주님께로 인도하는 귀한 사역이 될 것이기에……

Chapter. 5

상처투성이 아이들

　빈민촌 아이들은 대부분 신발을 신지 않는다. 가난한 아이들에게 신발은 특별한 날이나 학교 갈 때만 신는 소중하고도 귀한 물건이다. 어려서부터 신발을 신지 않고 생활해서 오히려 신발 신는 것을 불편해 하는 아이들이 있다 보니 항상 다리와 발에 상처가 많다. 상처투성이의 발을 치료할 약을 사지 못해 늘 그 상태로 다니다가 더 많이 상처가 덧나는 일이 비일비재하다.
　가난하게 태어나서 가난하게 살다가 가난하게 죽는 것이 숙명처럼 여겨지는 아이들이지만 그래도 늘 밝고 천진난만한 것이 참 신기하다. 아이들 한 명 한 명이 주님이 주신 달란트가 있는데, 그것을 제대로 펼쳐 보지도 못하고 사라지는 것이 안타깝기도 했다. 이 예쁜 아이들이 잘사는 나라에서 태어났다면 배고픔과 가난에 허덕이지 않고 자신의 꿈을 마음껏 펼쳤을 텐데……. 나는 가끔씩 이 아이들을 모두 다 한국으로 유학 보내는 것을 상상해 보곤 한다. 언젠가 우리 빈민촌 아이들 60명을 비행기에 태워 한국으로 데리고 가는 일이 실제로 이루어질 것이라 꿈꾸면서 말이다.

가난이 몸에 배어서인지 아이들이 고통과 아픔을 참는 인내가 대단하다. 몸에 난 상처가 덧나서 곪아터져 아프면서도 아프다는 이야기를 하지 않는다. 보다 못해 옆에 있는 친구가 끌고 선생님인 나에게 데려온다. 아이들은 부모님에게 아프다고 떼를 써 봤자 소용없다는 것을 잘 안다. 아무리 울고불고 고통을 호소해도 부모의 마음만 찢어질 뿐  약을 살 돈이 어디서 뚝 떨어지는 것이 아니기 때문이다.

어느 날 아픈 다리를 부여잡고 눈물을 뚝뚝 흘리는 아이가 나를 찾아 왔다. 참고 인내하고 견디다가 교회로 온 것이다. 나는 당장 약을 꺼내 소독하고 발라 주었다. 아이의 부모가 눈물을 글썽이며

연신 고맙다고 인사를 했다. 나는 의사도 아니고 간호사도 아니기에 그저 상처에 연고를 발라 주는 것이 전부인데, 그들의 눈에는 내가 백의의 천사처럼 보이는 것 같았다.

아픈 것을 참고 또 참다가 더 큰 병을 불러와 목숨이 위태로워지는 경우도 있다. 그럴 때마다 나는 안타까워 발을 동동 구른다. '이 아이들이 한국에서 산다면 배곯는 일 없이 맛있는 음식을 마음껏 먹을 수 있고, 조금만 아파도 의료보험 혜택을 받아 곧바로 병원에 가서 치료받을 수 있을 텐데……' 하는 생각이 자주 든다. 잘 사는 나라는 잘 먹어서 병이 생기고, 가난한 나라는 영양실조로 병이 생긴다. 또한 선진국은 크고 위험한 병도 건강 검진을 통해 발견하여 치료하는데, 이곳 빈민촌은 아주 간단한 병도 치료하지 못해 아이들이 짧은 생애를 마감하는 안타까운 장면을 여러 번 보았다.

　빈민촌 아이들은 배고픈 배를 부여잡고 우는 경우는 있어도 아플 때 우는 경우는 극히 드물다. 아픈 것은 참아도 배고픈 것은 참지 못하는 것은 배고픈 아픔이 더 크다는 것일 것이다. 아마도 이 아이들에게 있어서 아픈 발을 치료하는 것보다 한 끼 밥을 먹는 것이 훨씬 중요한 일인 것 같다. 어떤 아이는 배가 너무 고파 아픈 줄도 모르겠다고 했다. 그 말을 듣고 어찌나 속상하고 가슴이 아프던지.

　이곳 아이들에게 가난은 핵무기보다 더 무서운 존재이고 배고픔이 바로 가장 큰 질병이자 가장 무서운 아픔이었다. 가난하여 제대로 먹지 못하면 키도 크지 않고 몸에 면역력이 생기지 않아 아무 일도 할 수 없게 된다. 굶주림이야말로 미래를 파괴하는 가장 무서운 테러리스트인 것이다. 가난은 미래를 망치는 무서운 존재이고, 굶주림은 생활의 열정을 파괴하기에 인류가 가장 먼저 시급하게 해결해야 할 중대한 문제임을 빈민촌에 와서 피부로 느끼고 실감했다.

　처음에 빈민촌의 사정을 잘 몰랐던 나는 아이들을 그냥 방치하는 부모님들이 이해가 안 되고 야속했다. 시간이 지나면서 그럴 수밖에 없는 상황이라는 것을 깨닫고 부모님들의 마음이 나보다 더 아프겠다는 것을 알게 되었다. 배고파도 먹을 것을 살 돈이 없고, 아프다고 약을 사거나 병원에 갈 엄두조차 내지 못하는 분들이 빈민촌 부모님들이다.

숙명이라는 말을 들어 본 적이 있는데, 그 숙명이 무슨 뜻인지 이제야 알 것 같다. 나 역시 힘없는 선생이기에 아이들을 위해서 할 수 있는 것이라고는 하나님께 간구하는 것밖에 없다.

쇠 중에서 가장 강한 쇠가 강철이라고 하지만, 빈민촌에 살면서 느낀 것은 가장 강한 쇠는 구두쇠라는 사실이다. 자기 것만 챙기는 구두쇠가 많으면 많을수록 세상은 더욱더 강퍅해진다. 칭칭 묶여 있는 강퍅함을 풀 수 있는 방법은 나의 것을 조금이라도 이웃에게 나누어 주는 사랑이다. 나만 잘살고, 나만 행복하면 되는 것이 아니라 더불어 행복한 세상을 만드는 것이 사랑이다. 사랑은 맺힌 것을 풀지만 미움은 삶을 좀 먹기에 오늘도 하나님의 놀라운 사랑의 역사를 기다린다. 그분의 전지전능하신 은혜를 간구하며 매일 밤 기도에 매달리며 깊이 묵상에 잠긴다.

Chapter. 6

맨발의 빠야

어느 날 빈민촌 마을에 사는 7살의 빠야의 발을 보는 순간 눈물이 앞을 가렸다. 빠야의 발은 보들보들한 어린아이의 발이 아니었다. 거친 땅에서 맨발로 막노동을 하는 노인의 발처럼 쭈글쭈글하고 상처투성이로 가득했다. 지금 생각해 보니 빠야가 신발을 신고 다니는 것을 한 번도 본 적이 없었다. 신발을 나누어 주고 신고 다니라고 했는데 특별한 날에만 신고 평소에는 맨발로 다닌 것이다. 귀하고 비싼 신발을 함부로 신고 다닐 수 없어 집에 고이 모셔 두었다는 빠야의 말에 나는 마음이 아려 왔다.

빠야의 아버지는 모토택시 운전수이고, 어머니는 공장에서 일을 하기에 낮에는 아무도 돌봐 줄 사람이 없다. 빠야는 텅 빈 판잣집에서 혼자 있을 때가 많고 빈민촌 골목에서 항상 신 나게 뛰어노는 개구쟁이 학생이다.

빠야를 처음 본 건 어느 골목길에서였다. 처음 보는 아이가 나를 보며 반가운 얼굴로 손을 흔들며 인사를 하는 것이다. 그 모습이 귀엽고 사랑스러워 나도 손을 흔들며 인사를 받아 주었다. 그렇게 해서 빠야의 얼굴을 익히고 매번 마주칠 때마다 손을 흔들며 인사하는 사이가 되었다. 며칠이 흘렀을까. 나는 빠야를 교회로 인도하고 싶었다. 그래서 인사를 건네는 빠야에게 다가가 교회에 함께 가 보지 않겠냐고 넌지시 말을 건넸다. 그랬더니 단박에 "엇찡(싫어요)"이라고 대답하는 것이 아닌가. 평소에는 밝게 웃으며 인사를 잘하기에 나를 좋아하는 줄 알았는데, 교회 가자는 말에는 싫다고 매번 세차게 거절했다.

처음에는 빈민촌 꼬마가 내 말에 응해 주지 않아 무안하고 슬쩍 화가 나기도 했지만 곰곰이 생각해 보니 내가 빠야를 위해 해 준 것이 아무것도 없었다. 어린 빠야에게 나의 것을 주지 않은 채 무엇인가를 바란다는 것은 순진한 나의 욕심이었다.

그렇게 또다시 며칠이 흘렀다. 어느 날 빠야의 오른쪽 눈이 심하게 멍이 들어 있었다. 놀라서 자초지종을 물었더니 동네 개에게 물렸다는 것이다. 심심했던 빠야가 개를 극심하게 괴롭히는 바람에

개에게 공격당한 것이었다.

사실 빠야는 마을에서 가장 유명한 통제 불능의 개구쟁이다. 빠야의 장난은 시간이 지날수록 도를 넘어설 정도였다. 빠야의 행동은 점점 거칠어졌고 마을에서도 이미 포기한 상태였다. 나는 그런 빠야를 포기하고 싶지 않았다. 그래서 빠야를 위해 기도하기 시작했다.

나의 기도가 통했는지 어느 날부터 빠야가 교회에 모습을 드러냈다. 나는 너무나 반가워 빠야를 온 마음으로 맞이했다. 하지만 빠야는 교회에 가끔씩 나올 뿐 아직 믿음이 생긴 것은 아니었다. 교회에 나올 때마다 꼭 한두 가지씩 말썽을 피웠다. 빈민촌 교회 친구들이 올챙이를 키우고 있었는데 몰래 와서 장난치다가 어항을 깨뜨리기도 하고, 교회 화분의 꽃들도 꺾어 버려 모두가 어린 빠야에게 화가 나 있었다.

빠야는 다른 아이들의 공부에 방해가 될 정도로 장난을 치고, 예배당에 들어가 이것저것 물건들을 만지며 혼자 돌아다니곤 했다. 모든 선생님들이 빠야를 보면서 다루기 힘든 학생이라고 혀를 내둘렀다. 나는 더욱더 기도에 매달리면서 빠야의 마음을 이해하려 노력했다. 언젠가는 이 아이가 마음을 열고 진정한 믿음을 갖게 될 것이라 믿으면서…….

그러나 빠야는 결코 교회에 나오지 않았다. 행사가 있을 때나 선교팀이 방문할 때만 교회에 얼굴을 내밀곤 했다. 선물을 주고 달래고 때로는 맛있는 것을 주어도 빠야는 교회와 점점 더 멀어져 갔다. 어느 날 빠야가 큰 행사를 앞두고 교회에 나왔다가 3일 만에 다시 말없이 떠났다. 거친 야생마처럼 자란 빠야가 교회에 적응하는 것은 불가능해 보였지만 나는 포기할 수 없었다. 계속 접근을 시도했지만 빠야는 여전히 교회 밖에서 빙빙 돌 뿐이었다.

나중에 알고 보니 빠야 나름대로 원칙이 있었다. 교회에 행사가 있을 때는 참석하고 싶어서 행사 하루 전부터 교회에 나오곤 했다. 엄밀히 말하면 행사는 참석하고 싶지만 교회에는 다니기 싫은 것이었다. 나는 다시 빠야를 달래고 안아주고 품어 주면서 교회로 인도했다. 7살의 어린아이를 교회로 인도하기 위해 얼마나 마음고생을 했는지 모른다. 돌이켜 보면 사람의 힘으로 할 수 없는 것이 전도인 것 같다.

결국 빠야는 하나님께로 인도되었고, 열심히 교회에 나오기 시작했다. 지금은 교회에 와서 공부도 열심히 하고 교회의 보살핌을 받으며 성실한 학생으로 자라나고 있다. 열이 펄펄 끓을 정도로 몸이 아파도 교회 책상에 엎드려 공부에 열중한다. 이처럼 빈민촌 교회는 사람을 변화시켜 사람 열매를 맺게 하고 미래의 인재를 양성하는 하나님의 공부방이다. 빈민촌 교회는 소망을 품고 사는 거룩한 기도의 장소이고, 아이들의 쉼터이자 병을 치료하는 병원이기도 하다.

나는 빠야를 통해 사랑이 있는 곳에 변화가 일어난다는 것을 느꼈다. 사랑하기 때문에 소중한 나의 것을 조건 없이 이웃에게 나누어 줄 수 있고, 사랑하기 때문에 희생하고 봉사할 수 있다. 아무리 신앙심이 좋고 기도를 많이 한다고 해도 먼저 구원받은 하나님의 백성들이 이웃을 외면하는 순간 우리의 이웃은 병들어 서서히 죽어 가게 될 것이다.

내 주위에는 목마른 어린 사슴들이 너무나 많다. 배고픈 사슴, 병든 사슴, 공부하고 싶은 사슴 등……. 모두 이웃의 도움이 필요하고 하나님의 사랑이 절실한 가여운 사슴들이다. 이 사슴들이 모두 함께 주님을 부르짖고 경배할 때가 곧 오리라 믿는다. 나는 그날을 기대하며 오늘도 열심히 빈민촌에서 기도하며 아이들을 보살피고 가르친다. 금보다 더 귀한 나의 주님, 주님만이 나의 참 기쁨이요, 주님만이 나의 참 보배입니다. 주님께서 이곳에 임하여 주옵소서.

3. 작은 전도의 도구가 되어

오토바이 아저씨와 면도기 / 골목길 전도 / 자전거 아저씨의 믿음

Chapter. 1

오토바이 아저씨와 면도기

빈민촌에 오토바이 택시 운전을 하는 30대 초반의 가난한 아저씨가 있다. 그분은 학교에 다닌 적은 없지만 심성이 착하고 순박하며 늘 부지런하시다. 내가 그 집 앞을 지날 때마다 늘 따뜻한 미소로 인사를 건넸다. 그 인상이 또렷이 기억에 남은 나는 마음속으로 '저 아저씨를 꼭 교회로 전도해야지' 하고 결심했다.

어느 날 아저씨를 교회로 초청하여 구호품을 주고 예수님에 대해 이야기한 후 기도를 해 주었다. 아저씨는 환하게 웃으며 교회에 다니겠다고 말씀하셨다. 나는 너무 기뻐서 그 이후로도 몇 번이나 교회에 초청하여 함께 기도하고 구호품도 한가득 챙겨 드렸다. 아저씨는 약속과는 달리 매번 교회에 나오지 않았다. 나는 포기하지 않고 계속 기다렸다. '전도'라는 말을 거꾸로 하면 '도전'이라는 말이다. 사람이 할 수 있는 가장 위대한 도전이 바로 전도라고 생각하고 실패해도 계속 도전하리라 다짐하면서 인내로 버텼다. 하지만 나의 바람대로 되지 않았다. 아저씨는 구호품만 받고는 끝내 교회에 얼굴을 비치지 않았다. 나는 점점 배신감이 들어 마음이 편치 않았다. 아저씨 집 앞을 지날 때마다 원망하는 마음이 들었고, 전도를 포기하고 싶었다.

그러던 어느 날 빈민촌 동네 아저씨들이 모여서 하는 대화를 듣고 깜짝 놀랐다. 교회에 나가겠다는 약속을 지키지 않아도 된다는 것이 아닌가. 교회에 나가게 되면 그렇게도 좋아하는 술도 못 마시고, 카드 게임도 할 수 없어 동네 친구들에게 왕따를 당할 수도 있다고 말했다. 이런 이유로 대부분의 남자들이 교회에 나오는 것을 무척 꺼리는 것을 알았다.

'아, 한 사람을 전도하는 일이 이렇게 어렵고 힘든 일일 줄이야.'

전도하기 위한 준비와 계획이 철저했다고 생각했지만, 그 일이 이루어지기 위해서는 전적으로 하나님의 인도하심이 필요하다는 것을 뒤늦게 깨달았다. 이 일을 통해 내가 99% 아무리 잘해도 하나님께서 1%를 채워 주시지 않으면 소용없다는 것을 알고 다시 하나님께 매달리며 애절하게 기도드렸다.

기도하는 도중 문득 아저씨의 얼굴이 떠올랐다. 덥수룩한 수염을 한 아저씨가 하얀 이를 드러내며 밝게 웃고 있었다. 아저씨의 환한 미소가 자꾸 떠올라 전도를 포기할 수 없었다.

'그래, 마지막으로 한 번만 더 도전해 보자.'

나는 동료 선생님들의 식사 준비를 위해 슈퍼마켓에 갔다가 수염이 덥수룩한 아저씨가 생각나서 일회용 면도기를 사서 아저씨께 선물했다. 2주일에 한 번씩 일회용 면도기를 사다 주었다. 아저씨는 면도기를 받을 때마다 너무 기뻐하며 수염을 단정하게 깎은 얼굴로 여느 때보다 더 환하게 웃어 주었다.

아저씨에게는 두 명의 아들과 한 명의 딸이 있었다. 아들 중 한 명이 교회에서 함께 살게 되었다. 10살 난 아저씨의 큰 아들 따라 형제가 교회에서 드럼을 배우기 시작하자 아들이 드럼을 치는 모습을 보기 위해 가끔씩 교회에 얼굴을 비치곤 했다.

나는 아저씨가 교회에 오시든 오시지 않든 상관없이 가끔씩 면도기를 사다 드렸다. 이렇게 면도기만 전달하는 거룩한 교제가 계속된 지 두 달이 지나서 아저씨가 스스로 교회에 나오게 되었다. 한국에서 온 선교팀의 남자 집사님들이 빈민촌 아저씨를 위해 기도해 주고 앞으로 교회에 열심히 나올 것을 약속받았다. 드디어 하나님께서 나의 바람을 이루어 주신 것이다.

나중에 사정을 들어 보니 뜨거운 햇빛 아래서 하루 종일 오토바이 운전을 하느라 너무 피곤해서 교회에 나올 수 없었다고 했다. 피곤을 잊기 위해 동네 친구들과 술을 마시기도 했다며 머리를 긁적이셨다. 한 달 내내 오토바이 운전을 해도 수입이 워낙 적어 하루라도 일을 하지 않으면 가족을 부양할 수 없는 아저씨의 사정이 이해가 되었다. 너무나 가난하여 면도기도 사지 못하는 형편이었는데 면도기를 선물 받고 날마다 거울을 보며 즐겁게 면도했다고 하신다. 그러다가 문득 교회에서 주는 면도기 때문에 자신이 변화되고 깨끗해져 가는 것을 깨닫고 교회에 다녀야겠다고 결심했다고 하셨다.

아저씨는 이제 수요 예배, 주일 예배와 모든 교회 행사에 한 번도 빠지지 않고 잘 참석하고 있다. 면도기가 한 생명을 살리는 거룩한 전도 도구가 된 것을 경험한 이후 나는 마을 주민들이 절실하게 필요로 하는 것이 무엇인지를 생각하게 되었다. 나에게는 작게 느껴지는 것들이 가난한 사람들에게는 큰 필요와 도움이 된다는 사실을 깨닫게 된 것이다. 아주 작은 면도기를 통하여 교회에 나오게 된 아저씨가 이제 아버지 찬양대를 결성하여 매 주일 찬양하는 모습을 볼 때마다 너무나 기쁘다. 작은 것을 통하여 한 생명을 구하는 하나님의 인도하심이 위대하심을 다시금 느끼게 된다.

Chapter. 2

골목길 전도

빈민촌 판잣집이 즐비한 프놈펜 달동네에 사는 사람들은 한 달에 만 원 정도 하는 월세를 내면서 산다. 만약 월세를 내지 못하면 시골로 내려갈 수밖에 없다. 월세를 내지 못해 집이 비면 다른 가족이 들어와 살고, 또 월세를 감당하지 못해 집을 내놓고 이사 가면 또 다른 가족이 이사를 온다.

캄보디아 빈민들은 가난을 운명처럼 여기며 산다. 어디 마땅히 의

지할 곳 없이 하루하루 벌며 살아가는 것이다. 우리 교회 성도들도 가난에 허덕이며 사는 분들이 많다. 한 달 월세 내는 것이 어려운 이들을 볼 때마다 어떻게 도울 방법이 없을까 매일 기도하곤 한다.

나는 빈민촌 마을에 사는 대부분의 아이들과 청년들을 알고 있다. 비록 교회에 나오지는 않아도 밥을 굶거나 학교에 다니지 못하는 형편을 너무나 잘 알기에 그 아이들과 청년들을 교회로 데려와 공부시켜야 한다는 사명감이 불타올라 열심히 얼굴을 익히고 다녔다. 매순간 안테나를 쫑긋 세우고 아이들을 도우며 전도할 만반의 준비를 하고 있다.

아이들과 청년들을 전도하는 일뿐만 아니라 어른 전도도 늘 생각하며 기도한다. 캄보디아에서 어른 전도는 결코 쉽지 않다. 불교 신앙이 깊이 뿌리 박혀 있는 데다가 교회에 다니면 마을에서 왕따를 당할 수 있기 때문이다. 그렇다고 포기할 내가 아니다. 어떻게 해서든지 한 명의 어른이라도 하나님께 인도하려고 빈민촌 골목길을 정신없이 누비고 다녔다. 빈민촌 주민들을 전도하는 것이 무엇보다 중요한 일이기에 부지런히 기도할 수밖에 없다. 하나님께서 도와주셔야 하는 사역이 바로 골목길 전도이다.

감사한 것은 빈민촌 판잣집에 살고 있는 어머니들이 예수님을 영접하고 교회에 나와 여전도회를 형성하여 성경공부를 하고 있다는 것이다. 교회에 나오는 어머니들의 얼굴은 한 명도 빠짐없이 또렷이 기억하지만 아버지들은 마주칠 기회가 거의 없어 얼굴을 잘 알지 못했다. 캄보디아의 아버지들은 교회 나오는 것을 무척 창피하게 생각한다. 심지어 가문의 수치라고 여기며 교회 다니는 것을 얼마나 반대하는지 모른다. 아무리 가난해도, 당장 먹을 양식이 없어도 교회에 나오는 것은 생각할 수도 없는 일이다. 설령 교회에 다니고 싶어도 체면 때문에 다닐 수 없고, 교회에 다니는 즉시 마을에서 따돌림을 당하기에 아버지들이 교회에 나오는 것은 지극히 어려운 일이다.

한국에 계시는 나의 아버지도 교회에 나가지 않으셨다. 나는 그런 아버지를 위해 오랫동안 기도하고 또 기도했다. 돌이켜 보면 아버지는 술로 보내시는 세월이 많았다. 술에 취한 아버지를 볼 때마다 기도할 수밖에 없었고 평생의 기도 제목이라고 생각했다.

나는 빈민촌 마을의 아저씨들을 보며 나의 아버지를 떠올렸다. 아버지 같은 아저씨들이 삶의 방황을 끝내고 하나님께 돌아올 때 얼마나 큰 축복과 은혜가 있는지를 깨닫게 하기 위해 오늘도 열심

을 다해 전도하고 있다. 골목길 전도의 열매를 하나님께서 튼실하게 맺어 주시리라 믿는다. 언젠가 이 가난한 골목길을 통하여 동네 아저씨들이 교회에 나오는 기적이 하루 속히 이루어지기를 기대하며 오늘도 나는 골목길을 누빈다.

Chapter. 3

자전거 아저씨의 믿음

캄보디아 빈민촌에 살고 있는 자전거 아저씨를 처음 알게 된 것은 4년 전이었다. 자전거 아저씨는 앞니가 빠져 있고, 사고를 당하셨는지 발가락도 두 개나 없고 허리도 구부정하다. 물이 없어 자주 씻지도 못해 항상 새까만 얼굴을 하고 마을 입구에서 자전거를 고치고 타이어에 바람을 넣어 주는 일을 하고 있다.

아저씨네 가족은 배운 것도 없고 차림새도 초라하여 빈민촌 동네에서도 가장 가난한 층에 속해 마을 사람들에게조차 무시를 당하며 살았다. 아저씨의 부인은 봉제공장에 다니면서 여전도회에 나와 예배를 드리고 있었다. 너무나 가난하여 자녀들은 시골에 보

내고 부부만 빈민촌 판잣집에서 살고 있었는데, 어느 날 딸을 프놈펜으로 잠시 데려왔다. 그 딸이 지금 교회에 나와 공부를 하고 있다.

어느 날 자전거 아저씨가 교회에서 살고 있는 카 자매의 아버지와 크게 주먹다짐을 하며 싸우고 있었다. 왜 싸우는지 이유는 모른 채 너무나 과격하게 싸우는 통에 주위 사람 아무도 말릴 생각을 못했다. 다행히 차가 골목 안으로 들어와 싸움은 멈출 수밖에 없었다.

자전거 아저씨를 만날 때마다 술 냄새와 담배 냄새가 진동을 했다. 그분에 대해 아는 것이 전혀 없었지만 조금이라도 관심을 표현하기 위해 두려운 마음을 꾹 누르고 지나가는 길에 사탕을 전해 드렸다. 처음에 아저씨는 무서운 눈길로 나를 노려보는가 싶더니 며칠 뒤부터는 나를 보면 살짝 고개를 숙이며 인사를 하셨다.

그저 사탕 하나 드린 것뿐인데, 아저씨가 이리도 변하다니 놀랍기만 했다. 나는 그때부터 가방에 사탕을 잔뜩 넣어 다니면서 아이, 청년, 어른 할 것 없이 닥치는 대로 사탕을 나누어 주곤 한다. 사탕을 주면 사람들이 마음의 문을 열고 나에게 인사를 한다. 캄보디아에서는 이렇게 사탕 전도가 통한다.

어느 날 마을 도로가 움푹 패여 비가 오면 금세 물이 찰 것 같았다. 나는 수업을 마치고 청년들과 밤 10시 30분부터 도로 공사를 시작했다. 밤 9시면 잠드는 빈민촌 사람들이기에 최대한 조용히 하면서 조심조심 공사를 하고 있는데, 자전거 아저씨가 갑자기 밖으로 나와 우리를 지켜보는 것이었다. 나는 너무 죄송한 나머지 사과의 말씀을 건네려 하자, 아저씨는 말없이 도로 보수하는 일을 도와주었다. 아저씨의 도움 덕분에 우리는 도로 공사를 금방 끝낼 수 있었다.

며칠 후 형편상 다시 시골로 내려가야 했던 자전거 아저씨의 딸이 계속 교회에서 공부하고 예배드리고 싶다고 막무가내로 졸랐다. 할 수 없이 아저씨는 딸아이를 시골로 내려 보내지 못하고 프놈펜에서 함께 살게 되었다. 우리는 아저씨의 어려운 형편을 알았기에 딸을 교회 기숙사로 데려왔다. 아내와 딸이 교회에 나와 기도하며 예배드리는 모습에 자전거 아저씨도 조금씩 교회에 얼굴을 보였다. 그러다가 가족들의 눈물 어린 기도가 응답되어 마침내 자전거 아저씨가 교회 등록을 하게 되었다. 또한 예배 시간에 아저씨의 소중한 간증을 듣는 은혜도 뒤따랐다.

"그렇게도 학교에 다니고 싶어 하는 제 딸을 공부할 수 있게 해주신 하나님께 감사드립니다. 교회에 나오면서부터 조금씩 술, 담배를 줄이고 있습니다. 아직은 완전히 끊지는 못했지만 하나님께 도와주시리라 믿습니다. 모든 것이 감사합니다."

간증을 마친 후 모든 성도들이 은혜를 받고 처음으로 교회에 나온 자전거 아저씨를 위해 기도해 주었다. 자전거 아저씨를 통해 빈민촌 마을에 굳건한 믿음이 세워지길 소망하면서 말이다.

비슷한 무렵에 한국의 어머니로부터 연락을 받았는데, 아버지가 드디어 예수님을 영접하고 교회에 등록하셨다는 기쁜 소식이었다. 전화를 끊고 자전거 아저씨가 가장 먼저 떠올랐다. 이제는 자전거 아저씨를 볼 때마다 한국에 계신 아버지를 위해 부지런히 기도를 하게 된다.

이 일을 계기로 이 땅의 모든 아버지들이 삶의 아픔과 고통을 술이 아닌 예수 그리스도로 이겨 내기를 바라며 날마다 기도하기로 다짐했다.

4. 따뜰락 시장 사람들

재래시장에 퍼지는 복음 / 봉지 커피의 행복 / 쩐 자매의 어머니

 Chapter. 1

재래시장에 퍼지는 복음

어느 날 시장에서 여전도회 집사님들을 우연히 만났다. 교회 모임 저녁식사를 위해 음식 재료를 사러 나오신 것이었다. 기왕 이렇게 만났으니 시장에서 장사하는 분들을 심방하고자 우리는 시장 곳곳을 돌며 예수님의 말씀을 전했다.

그러다가 시장에서 생필품을 파는 수아 자매의 부모님을 만나게 되었다. 두 분은 나를 보자마자 부둥켜안으며 반가워했다. 사실 그때 나는 내심 놀랐다. 여기서 10년 넘게 장사하고 있는 그분들은 유독 교회를 싫어하고 배척했기 때문이다. 그런데 지금은 딸을 직접 교회에 데려다 줄 정도로 적극적으로 변했다.

세월이 흘러감에 따라 불교도들이 변화되어 가는 것이 눈에 보인다. 완악하고 강퍅하던 사람들의 마음이 부드러워지고 점차 하나님께 열려지는 것을 체험한다. 예수님의 뜨거운 사랑의 용접기가 강퍅한 사람들의 마음을 녹이고 복음에 무뎌진 마음을 개방하기 시작한 것 같다. 그렇게도 교회를 싫어하고, 그렇게도 예수님을 증오하던 사람들의 얼어붙은 마음들이 예수님의 뜨거운 사랑에 점점 녹아가고 있었다. 주 예수 그리스도의 사랑이 무서운 핍박을 이기고, 예수님의 생명의 말씀이 극심한 증오를 깨뜨리면서 사람들이 달라지고 있었던 것이다.

불교국가에서 교회에 다니는 것은 주변으로부터 멸시를 당하는 괴로운 일이지만 우리 교회 성도님들은 당당하게 "나는 크리스천이다"라고 말하면서 두려워하지 않는다. 이렇게 영적 성장을 이룬 성도들을 통해 다른 사람들도 변화되고 시장이 변화되는 모습을 느낀다. 철창처럼 닫혀 있던 불교도들의 마음이 서서히 열리고 있는 것이다. 이제 한 사람이 아닌 모두가 함께 준비하며 주님께 영광 드리는 주일이 더욱 행복하고 감사하다. 오랫동안 너무나 처절할 정도로 가난하게 살면서 무시당하고 서러움에 떨던 빈민촌 사람들이 예수님을 영접하고 교회에 나와 간절히 기도드리는 모습을 볼 때 나도 모르게 눈물이 맺힌다.

주일을 지키기 위해 장사를 접고 나온다는 것은 가난한 빈민촌

사람들에게는 결코 쉬운 일이 아니다. 그날 하루를 벌지 못하면 당장 내일 먹을 것을 살 수 없게 되는 것이 빈민들의 삶이기 때문이다. 그럼에도 불구하고 주일성수를 지키는 성도들이 한없이 자랑스럽다.

집사님들과 함께 교회로 돌아오면서 재래시장이 있는 것에 감사했다. 또한 일거리를 찾기 힘든 빈민촌 마을에 시장이 있어 성도들이 장사할 수 있게 해 주신 하나님께 감사했다. 앞으로 가난한 빈민촌 성도들을 통해 마을 사람들의 삶의 터전이자 생활의 기반인 따뜰락 시장에 복음의 물결이 퍼져 나가길 간절히 기도한다.

 Chapter. 2

봉지 커피의 행복

나는 진로 문제나 집안 문제로 우울해하는 학생들이 있을 때는 함께 기도한 후 시장으로 기분전환을 하러 간다. 빈민촌 아이들은 너무 가난해서 재래시장도 가기가 어렵다. 구경은 갈 수 있어도 물건을 사지 못하니 대부분의 가난한 아이들이 아예 시장을 가지 않는 것이다. 가끔 현지 지도자들이 어린 학생들의 생필품과 교복을 사주러 가는 정도가 전부였다.

밖에 나가 본 적이 없는 빈민촌 아이들의 손을 꼭 잡고 시장에 가면 어두웠던 아이들의 얼굴이 금세 환해진다. 비록 속사정을 다 들어줄 수 없지만 함께 손잡아 줄 수 있는 것만으로도 행복해 하는 것 같다. 나 역시 아이들의 손을 잡고 시장가는 일이 행복하다. 손을 잡아 준다는 것은 그만큼 친밀하고 돈독한 사이임을 의미하는 것이리라.

외국인은 좀처럼 보기 힘든 가난한 마을의 작은 재래시장이기에 나는 그곳에서 연예인이자 스타가 된다. 그렇지 않아도 요즈음 한류 바람이 불어 한국 사람들의 인기가 하늘을 치솟고 한국을 동경하기에 내가 재래시장을 방문할 때마다 한국을 대표하는 자랑스러운 한국인이 된다. 요즈음 우리 아이들이 "한국은 대단한 나라입니다"라고 칠판에 적어 놓고 한국어를 배우는 것을 볼 때마다 대한민국 사람이라는 자부심을 느낀다. 나의 조국 대한민국이 이렇게 세상에서 알아주는 나라가 되다니……. 가슴이 벅차오를 때가 한두 번이 아니다. 더 좋은 나라, 더 대단한 나라가 되어 가면 복음 전도에도 큰 영향력을 미치게 되는 것 같다.

이렇게 대환영을 받으며 시장을 한 바퀴 돌면 내 것은 눈에 들어오지도 않고 함께 간 아이들에게 어떤 선물을 할까 하는 생각뿐이다. 열심히 신앙 생활하는 아이들이 기특해서, 우울해하는 아이들의 기분을 북돋워 주고자 옷과 학용품을 사주고 간식도 먹여 주었다. 아이들을 위해 무엇인가 사줄 수 있다는 것이 나를 행복하게 했다. 더 행복한 것은 시장에 가면 봉지 커피를 마실 수 있다는 것이다. 한국 돈으로 125원 정도 하는데 요즘에는 거의 두 배 가까이 올라 250원 정도 한다. 물가는 쉬지 않고 오르는데 선교비는 오르지 않고 오히려 갑자기 중단되어서 언젠가는 봉지 커피의 즐거움도 누리지 못할 때가 올 것 같아 걱정이다.

  봉지 커피는 커피 물을 우려 비닐봉지에 연유와 얼음을 넣어 빨대를 꽂아 주는 것이다. 시장 안이 너무 더워 비 오듯 땀을 흘릴 때 마시는 봉지 커피의 맛은 단연 최고다. 화려한 대도시에서 마시는 명품 브랜드 커피는 아니지만 재래식 시장에서 마시는 값싼 커피가 이렇게 맛있을 줄은 예전에 몰랐다. 빈민촌 아이들과 청년들은 초콜릿 가루를 탄 봉지 코코아를 사주었다. 함께 마시며 교회로 돌아올 때 우리는 정말로 행복하다. 동행한다는 것이 이렇게 행복하고, 서로 도우며 더불어 산다는 것이 너무나 즐겁고 기쁘다. 스타벅스 같은 대형 커피 전문점은 아니지만 빈민촌 제자들과 함께 마실 수 있는 재래식 봉지 커피 가게가 있어 나는 기쁘고 행복하다.

  가난한 우리에게도 행복이 있고 넉넉하게 살지 못하는 우리에게도 기쁨이 있다. 항상 배고프고, 학비도 없고, 아파도 병원에 갈 돈이 없지만 나와 우리 아이들은 예수님 안에서 행복한 사람들이다. 우리 아이들에게서 이 작은 행복을 지켜 주고 싶다. 이런 작은 행복이 멈추지 않고 지속적으로 이어질 수 있도록 나는 이곳 빈민촌에서 살아갈 것이다.

 Chapter. 3

쩐 자매의 어머니

우리 교회 여전도 회원 가운데 한 분이 재래시장에서 닭을 파신다. 시장에서 유일하게 교회에 다니는 신실한 성도인데, 한 달 수입이 3만 원이다. 그런데 수입의 10분의 1인 3천 원을 십일조로 내고 때때로 3천 원씩 감사 헌금을 한다. 그분은 바로 교회의 롤 모델이 되고 있는 법대생 쩐 자매의 어머니이시다. 교회의 권사님이신 쩐 자매의 어머니는 교회에서 자라고 성장하는 딸들을 지켜 주시는 하나님께 감사드린다며 눈물을 자주 흘리신다. 고혈압으로 몸도 성치 않지만 닭을 잡아 시장에 내다 팔며 열심히 기도하는 기도 대장이시다.

그러던 어느 날 권사님이 부활절 예배를 드리기 위해 집을 나서다가 갑자기 피를 토하며 쓰러지셨다. 황급히 권사님 댁으로 가 보았더니 뇌졸중 증세로 굉장히 위험한 상태였다. 그렇다고 병원에 입원할 처지도 안 되었다. 입원비가 하루에 50달러나 하고 진료비는 따로 지불해야 했다. 위독한 상황인데 단 하루도 병원에 입원할 돈이 없었다.

결국 병원에서 진료만 받고 입원은 하지 못한 채 집으로 돌아와 링거를 맞았다. 힘없이 누워 있는 권사님의 얼굴을 보고 있으려니 눈물이 앞을 가렸다. 권사님이 누워 있는 방이 그날따라 더 작고 초라해 보였다. 뇌졸중으로 고통 받고 있는 권사님을 위해 가족들이 할 수 있는 일이라고는 링거를 맞히고 배에 얼음을 올려 주는 것뿐이었다.

나는 권사님을 붙들고 눈물로 기도했다. 마지막으로 쩐 자매가 기도할 차례인데 눈물을 참느라 차마 기도를 하지 못했다. 이런 때는 무엇을 해 주어야 할지, 어떻게 위로해야 할지 막막하기만 하다. 마음으로는 백만 번, 천만 번 위로의 말을 되뇌었지만 어려움에 처한 가족을 실질적으로 도울 수 있는 방법이 없었던 나는 '목마른 사슴' 이라는 찬양을 부르며 주님께 호소했다.

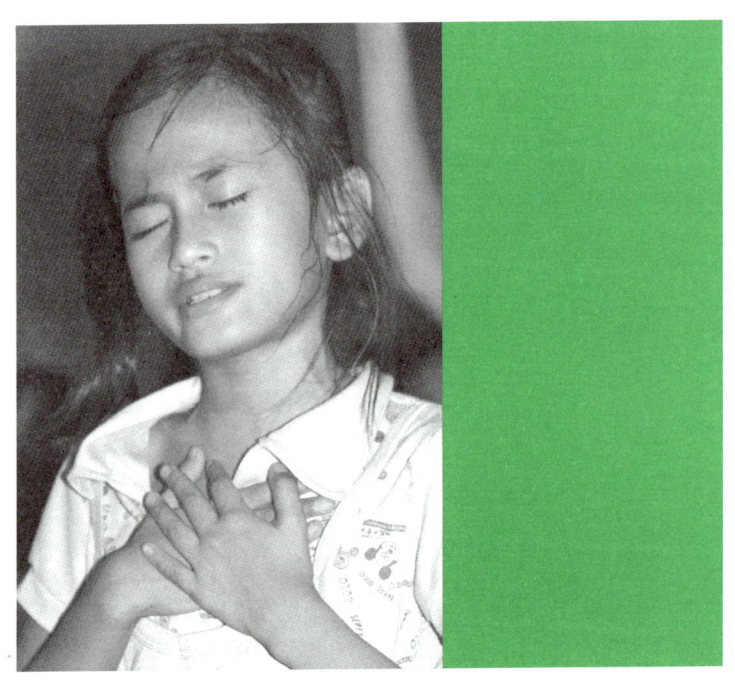

"목마른 사슴 시냇물을 찾아 헤매이듯이
내 영혼 주를 찾기에 갈급하나이다.
주님만이 나의 힘 나의 방패 나의 참 소망.
나의 몸 정성 다 바쳐서 주님 경배합니다."

쩐 자매가 참고 있던 눈물을 터트리며 엉엉 울었다. 어느새 마을 주민들도 와서 눈물을 흘리며 함께 기도하며 찬양을 드렸다. 권사님의 손자인 8살짜리 뜨라 형제가 할머니 곁으로 다가왔다. 뜨라는 할머니의 손을 꼭 잡고 기도를 하다가 눈물을 흘렸다. 그 어린 손자가 할머니를 보며 눈물 콧물 흘리는 모습을 보니 내 가슴이 찢어지는 것 같았다. 손자의 기도를 들으며 권사님의 눈에서도 눈물이 흘러 내렸다. 그 자리에 모여 있던 우리 모두는 함께 부둥켜안고 목 놓아 울고 말았다.

권사님의 딸 쩐 자매는 변호사가 되어 교회에 문제가 발생하면 돕겠다고 법대에 다니며 열심히 공부하고 있다. 그 아래 짭 자매도 교회 지도자가 되어 열심히 섬긴다. 이런 두 딸의 모습을 보면서 권사님은 얼마나 뿌듯하고 자랑스러워하는지 모른다.

위독한 상황인데도 딸을 교회로 보내 예배를 드리게 하는 권사님의 신실한 믿음에 모두 감동을 받았다. 교회에서 열심히 공부하며 주님의 지도자로 자라고 있는 두 자매의 섬김을 하나님께서 귀하게 여기시리라 믿는다.

다행히 권사님은 주님의 은혜로 회복되어 지금 많이 좋아지셨다. 비록 후유증으로 입이 돌아가기는 했지만 거동이 불편할 정도는 아니어서 감사할 따름이다.

5. 나의 두 번째 가족

선교의 도구 비행기 / 선생님, 너무 보고 싶었어요! / 오빠의 결혼식 / 거룩한 대박 / 나와의 싸움

Chapter. 1

선교의 도구 비행기

처음 캄보디아에 선교하러 왔을 때가 한편의 흑백영화처럼 머릿속에 떠오른다. 그때는 선교가 무엇인지도 모르고 그저 비행기 타고 외국에 가고 싶은 생각으로 가득했다. 캄보디아로 단기 선교 여행을 왔을 때 처음으로 비행기를 탄 나는 가슴이 두근거려 어쩔 줄을 몰랐다. 지금도 그 행복감은 여전히 생생하다. 아무튼 비행기가 없었다면 내가 이곳 캄보디아 빈민촌까지 올 수 없었을 것이다.

우리 아이들도 하늘에서 이착륙하는 비행기를 볼 때마다 신이 나서 환호성을 지르며 깡충깡충 뛴다. 이제는 비행기 색깔을 보면 어느 나라 비행기인지 맞출 만큼 비행기에 익숙해졌다. 아이들은 저마다 비행기를 보며 만지고 싶다고 하늘을 향해 자그마한 손을 쭉 뻗는다. 어떤 아이는 비행기를 손으로 잡아 책상 서랍에 넣는 시늉을 하기도 하고, 또 어떤 아이는 입에 넣으면서 비행기가 맛있다고 까르르 웃는다. 이렇게 순수하고 맑은 아이들이 이 세상에 또 있을까?

이렇게 비행기를 좋아하는 아이들 때문에 한국에서 선교팀이 올 때면 아이들을 데리고 공항으로 마중을 간다. 그러면 비행기가 이륙하는 소리에 신기해하고 거대한 비행기를 가까이 보면서 눈이 휘둥그레지기도 한다. 비행기 하나로 우리는 더 많이 웃고 행복해진다. 특히 한국 항공사의 비행기 꼬리를 볼 때면, "선생님 나라 비행기"라며 자랑스럽게 이야기한다.

'아, 이 아이들이 비행기를 직접 타게 된다면 얼마나 좋아할까?'

나도 하늘을 나는 비행기를 쳐다보면서 언젠가 아이들과 함께 비행기에 오르는 상상을 해본다.

빈민촌 아이들은 비행기 안이 궁금해서 이것저것 물어왔다.

"선생님, 비행기 안에는 무엇이 있어요?"

"응, 앉는 의자들과 화장실이 있지. 작은 텔레비전도 있어서 영화도 보고 음악도 들을 수 있어. 더울 때는 에어컨도 나와. 식사 시간이 되면 맛있는 음식도 갖다 준단다."

"우아, 비행기 안에서 어떻게 그런 걸 다 할 수 있어요?"

"비행기 안에서 어떻게 전기가 나와요?"

"비행기에서 주는 밥은 맛있어요?"

쉴 새 없이 쏟아지는 아이들의 순진한 질문에 나도 모르게 웃음이 나왔다.

아이들이 그렇게도 동경하는 비행기를 나도 동경했던 적이 있었고, 그 비행기를 타고 이곳 캄보디아까지 왔다. 입국 날짜는 정해져 있지만 출국 날짜는 언제가 될지 알 수 없는 선교사의 신분으로 말이다. 올 때는 1년을 생각하고 왔지만 귀엽고 사랑스러운 제자들을 두고 떠날 수 없게 되었다. 지금 이 순간 나는 나를 이곳으로 실어다 준 비행기에게 고마울 따름이다. 아무래도 비행기는 중요한 선교의 도구인 것 같다. 비행기에서 내리는 순간 새로운 선교 사역이 시작되기 때문이다.

나처럼 빈민촌 아이들도 비행기를 타고 복음을 전하는 선교사가 되기를 꿈꾸어 본다.

'하나님, 이 순수하고 귀여운 아이들이 먼 훗날 비행기를 타고 전 세계로 나가 복음을 전하고 꿈을 펼칠 수 있게 해 주세요.'

Chapter. 2

선생님, 너무 보고 싶었어요!

몇 년 전 서울에서 망막박리 수술을 받은 뒤로 나는 1년에 한 번씩 정기적으로 검진을 받으러 한국에 나간다. 그때마다 빈민촌 아이들과 청년들과 잠깐의 이별을 고하는 것이 여간 힘든 일이 아니다. 지난번에는 검진을 받다가 생각지도 못하게 망막에 구멍이 생길 가능성이 보여 재수술을 받게 되었다. 다행히 구멍이 나기 전에 수술을 하여 자칫 위험할 수 있었던 상황을 피할 수 있었다.

처음 수술을 했을 때는 모든 것이 막막하고 두려웠는데, 이제는 어떤 난관에도 담담하고 씩씩할 수 있게 되었다. 나는 나 혼자만의 존재가 아니라 빈민촌 아이들과 청년들을 이끌어야 할 선생님이기에 더 건강하고 더 강해져야 한다. 이 일을 통해 나를 강하게 만드시는 하나님께 감사드린다.

검진을 받으러 한국에 나오면 캄보디아로 빨리 돌아가고 싶은 마음이 가득하다. 아이들 얼굴을 하나하나 떠올리며 기도하다 보면 그리움에 사무치게 된다. 한국에 있는 가족들을 보게 되어 너무나 기쁘고 반갑지만 하나님께서 맡겨 주신 양 떼들을 향한 사랑과 사명감은 날이 갈수록 더 커지는 것 같다.

한번은 한국에서 캄보디아로 향하는 비행기 안에서 이상하게 마음이 무거웠다. 단 2주일이지만 어느새 한국 생활에 젖어들어 편해진 내 몸이 다시 이방 사람들의 틈으로 들어가는 것을 거부하고 있었던 것이다. 한국에 두고 온 가족들과 친구들 생각이 나면서 나의 마음을 약하게 만들었다. 결국 나는 비행기 담요를 덮어쓰고 눈물을 펑펑 흘렸다.

사실 갈팡질팡하는 혼란스런 마음에 나 자신도 어찌할 줄 몰랐다. 캄보디아를 떠나 있으면 빈민촌 아이들과 청년들이 그립고, 한국을 떠나면 가족과 친구들이 그립고……. 나의 삶은 그리움의 연속이라는 생각이 들었다. 실컷 울고 나니 마음이 한결 나아짐을 느꼈다.

'물새 선생 김연희, 더 강해져야 해. 이까짓 그리움에 눈물이나 찔끔찔끔 흘리면 안 돼.'

5. 나의 두 번째 가족

　나는 나 자신을 다독이고 감정을 추스르며 곧 만나게 될 빈민촌 아이들의 해맑은 얼굴들을 떠올렸다. 못 본 사이에 아이들이 얼마나 더 훌쩍 커 있을지 생각하니 다시 내 마음에 행복이 찾아왔다.
　비행기에서 내려 공항을 나오자 나를 발견한 아이들과 청년들이 활짝 웃으며 달려와 안겼다.
　"선생님, 크놈 앗 아오이 따으 꼬레. 삐쁘루어 넉 선생님 찌랑!
(선생님을 한국에 보내지 않을래요. 너무 보고 싶었어요!)"
　아이들이 한목소리로 말하며 나의 볼에 뽀뽀를 하고 등에 업혔다. 선생님이 언제나 올까 오매불망 기다렸을 아이들의 모습이 눈에 선했다. 내가 치료받기 위해 한국에 있는 동안 빈민촌의 어린 제자들은 모두 교회에 나와 열심히 공부하며 나를 기다렸다고 한다. 나를 기다리며 기도하고, 나를 기다리며 청소하고, 나를 기다리며 밥을 먹고, 나를 기다리며 비행기를 바라보았을 아이들……. 이제 이 아이들은 나의 두 번째 가족이나 다름없다.

  이 이국땅에 이토록 나를 기다리고 반기며 맞아주는 천사와 같은 아이들이 있기에 나는 이 세상에서 가장 행복한 물새 선생님이다.

Chapter. 3

오빠의 결혼식

하나밖에 없는 오빠가 드디어 결혼을 했다. 오빠는 결혼을 앞두고 나에게 전화해서 결혼 날짜를 알리며 한국에 들어올 수 있느냐고 물었다. 나는 오빠의 결혼 소식에 뛸 듯이 기뻤지만 끝내 확답을 주지 못한 채 전화를 끊었다. 오빠가 더 이상 외롭지 않고 인생의 동반자를 만나 삶을 함께 하게 될 그 순간을 기꺼이 축복해 주기 위해 한국으로 당장 날아가고 싶었지만 나의 현실은 허락하지 않았다. 나는 너무나 바빴고, 시작한 지 얼마 안 된 아이들 중국어 예배팀을 놔두고 한국을 간다는 것은 상상도 할 수 없는 일이었다. 지도자인 내가 한국에 가면 아이들이 교회에 나올 수 없기 때문이다. 어렵게 시작한 중국어 예배팀을 보살펴야 하기에 나는 꼼짝도 할 수 없었다.

  당시에는 후원금도 점점 줄어들었고, 설상가상으로 물가는 멈출 기세 없이 계속 치솟고 있었다. 나는 공백이 생긴 재정을 채우기 위해 밤새 머리를 싸맸다. 후원이 중단되는 것은 식은 죽 먹기처럼 간단했지만, 후원을 찾는 일은 하늘의 별 따기처럼 어려웠다. 그래서 돈이 생기면 우선 배고픈 아이들의 간식을 사주고 학교에 보내기에 바빴다. 어느새 내 삶의 최우선은 캄보디아 빈민촌 마을의 아이들이 되었다. 그의 나라와 그의 의를 먼저 찾아야 한다고 배웠다. 아이들을 보살피면서 가르치는 것도 중요하고 오빠 결혼식도 중요하지만 둘 중에 하나를 버린다면 오빠의 결혼식이었다.

  혹여 어떻게 해서 비행기 티켓을 마련했다 치더라도 함께 일하는 동료들을 생각하면 발길이 떨어지지 않았을 것이다. 경제적 여유가 없어서 5년 동안 한 번도 한국에 가 보지 못한 동료들이 있는데, 내가 오빠 결혼식이라고 한국행 비행기를 탄다면 그것만큼 미안한 일도 없을 것이기 때문이다.

  결국 나는 한국에 가지 않았다. 집에는 일이 너무 바빠서 갈 시간을 못 낼 것 같다고 이야기해 두었다. 비행기 표를 구입하는 것이 어렵다고 말하면 부모님과 오빠가 너무나 가슴 아파할 것 같아서였다. 엄마는 못내 서운해 하면서도 "네 상황 다 이해하니, 걱정 말고 잘 지내렴" 하고 말씀해 주셨다. 나중에 오빠의 결혼식에는 친한 친구 두 명이 나 대신 참석해 주었다. 그때 친구들이 얼마나 고마웠는지 모른다.

그날 밤 나는 이불을 뒤집어쓰고 남몰래 울었다. 오빠에게도, 부모님에게도 너무 미안했다. 부모님 모시는 일을 홀로 감당해 준 오빠의 결혼식에 참석하지 못하게 된 것이 평생 아픔이 될 것 같았다. 이제 오빠 결혼식 사진에는 나의 모습이 없겠구나 생각을 하니 자꾸만 미안해서 눈물이 나왔다. 그래도 언젠가 오빠가 이해해 주리라 여기며 스스로를 위안했다.

문득 하나님의 일을 하기 위해서 배도 그물도 다 버리고 오직 예수님을 따랐던 제자들의 모습이 머릿속에 그려지면서 선교사는 포기해야 할 것이 참 많다는 생각이 들었다. 돌이켜 보니 내가 빈민촌에 산지도 벌써 6년이라는 세월이 흘렀다. 사회 경험도 없는 23살의 나이에 낯선 나라에 와서 적응하는 것이 쉬운 일은 아니었지만, 많은 것을 포기하고 이곳의 아이들과 함께 하기로 선택했다.

처음에는 열대성 기후에 적응하며 전혀 다른 언어와 전혀 다른 문화와 전혀 다른 음식을 이해하고 받아들이는데 시행착오를 많이 겪었다. 후원이 중단되었을 때에는 아이들을 안고 울면서 참고 또 참았다. 하지만 그것이 결코 고생이라고 생각하지 않았다. 지금 이 순간의 쓰라린 아픔은 내일을 위한 빛나는 훈련 과정이라고 여기며 나에게 맡겨진 삶을 열심히 살려고 노력했다.

나의 사랑하는 아이들을 보면서 이겨 낼 힘을 얻었다. 슬픔을 기쁨으로 생각하고, 좌절을 소망으로 극복하고, 아픔을 훈련으로 여기고, 부족함을 풍요로움으로 상상하면서 말이다. 나는 훈련으로 점점 성숙해지고 단단해졌으며 날마다 하나님이 허락하신 새로운 체험을 하고 있다.

캄보디아에서 천사와 같은 아이들과 사는 동안 한국에 있는 나의 가족은 나를 만나지 못해 서운해 했다. 오빠는 나에게 "선교사가 되면 가족과 이렇게 멀어져도 되는 거냐?"고 물었다. 6년 동안 동생을 가난한 나라의 빈민촌으로 보내고 마음 아파하며 걱정하는 가족들 생각은 안하냐고 했다. 오빠의 말을 듣는 순간 나는 아무 변명도 할 수 없었다. 그저 미안하다는 말만 나올 뿐이었다.

나는 한국에 있는 가족들을 생각할 때마다 눈물을 쏟게 된다. 빈민촌 아이들을 돕겠다고 캄보디아로 왔을 때부터 나는 항상 가족들의 마음을 아프게 했다. 가족들을 챙길 수 없는 미안함과 가족들이 나의 마음을 몰라주는 서러움이 동시에 밀려왔다.

평생 캄보디아에서 살고 싶다고 수백 번 되뇌지만 그때마다 가족들의 도움과 관심과 격려가 필요함을 절실히 느끼게 된다. 먼 이국땅에 있지만 가족은 보이지 않는 끈으로 연결되어 있는 것 같다. 가족이 행복하게 지내면서 나에게 격려의 박수를 보낼 때 내가 더 담대하게 선교 사역을 감당할 수 있게 된다. 내가 굳건히 잘 버티며 생활할 때 한국에 있는 나의 가족들도 건강히 지낼 수 있으리라 생각한다.

'그래, 약해지지 말고 강해져야 해. 하나님께서 나와 가족들을 붙들어 주실 거야.'

자꾸만 무너져 내리려는 나의 연약함을 깨달을 때마다 더더욱 하나님께 매달리며 하나님과 나 사이의 끈이 끊기지 않도록 더욱 더 기도한다.

Chapter. 4

거룩한 대박

나는 참으로 눈물이 많다. 나의 삶은 눈물의 삶이라 해도 과언이 아니다. 너무 자주 울어서 동료들이 나를 '물새'라고 부른다. 사실 가족들이 뿔뿔이 흩어져 있을 때 한국에 가기가 두렵고 싫었다. 가족들의 얼굴만 보아도 눈물이 쏟아질 것 같아 한국에 가기가 두려웠다. 나중에 들었는데 하나님께서는 나를 통해 부모님을 위로하셨다. 부모님은 나를 보는 것만으로도 큰 힘이 되고 위로가 되셨다고 한다.

미국에서 시작한 경제 위기로 인해 아버지의 사업이 부도가 나는 바람에 우리 온 가족은 뿔뿔이 흩어져야 했다. 그 당시 캄보디아에 있던 나는 흩어진 가족들을 위해 아무것도 해 줄 수 있는 게 없었다. 모든 것이 허망하고 가슴이 아팠다. 내가 아프고 힘든 것은 견디겠는데 가족들이 고통 속에 처하게 되니 아무것도 할 수 없는 나 자신이 원망스러웠다. 그 죄책감에 시달리다가 나는 기절해 쓰러지고 말았다. 3시간 동안 깨어나지 못했는데, 그때 아이들이 병원으로 찾아와 나를 안아주고 기도해 주었다. 이제는 내가 아이들을 돌보는 것이 아니라 아이들이 나를 보살피고 돌보는 입장이 되었다.

그날 이후로 나는 날마다 가족들을 위해 기도했다. 한국에 일이 있어 잠시 들어갈 때에는 마땅히 지낼 곳이 없어서 내가 잘 아는 장로님과 권사님이 마련해 주신 방에서 지냈다. 그때마다 나는 '이것이 바로 예수 그리스도의 사랑이구나' 하고 느꼈다. 갈 곳 없는 선교사를 성심껏 도와주신 그분들께는 아직도 고마운 마음이 여전하다. 오갈 때 없는 나를 딸처럼 정성껏 보살펴 주는 것이 말처럼 쉽지 않음을 잘 알기에 남몰래 감사해 하며 울었다.

기쁘게도 꼭 1년이 지나서 흩어졌던 우리 가족은 내가 잠깐 한국을 방문했을 때 다시 한자리에 모일 수 있었다. 식당에서 일하시던 어머니도 할머니와 아버지가 있는 인천으로 오게 되었고, 우리 가족은 서서히 안정을 되찾아 가고 있었다.

나는 가족이 한 집에 모여 새롭게 출발하는 것을 보고 기쁜 마음으로 캄보디아로 돌아왔다. 역전의 명수이신 예수님께서 우리 가족의 평화를 회복시켜 주신 것이 너무나 위대하고 놀라웠다. 같이 모여 살 수 있게 해 주신 것도 감사하고 한국에 가서 가족이 모인 모습을 보게 해 주신 것도 말로 표현할 수 없을 만큼 감사했다. 이제 마음 놓고 아이들과 청년들을 가르치고 보살피는 일들에 전념할 수 있었다.

가족들이 다시 뭉친 그 해 여름, 아버지는 새로운 일을 시작하셨다. 더운 여름에 입으면 시원한 기능성 옷을 파는 일이었는데 그해 여름은 엄청나게 무더웠다. 더운 날씨로 인해 특수를 잡은 아버지의 사업은 옷을 사려고 몰려드는 사람들로 인해 밥 먹을 시간이 없을 정도로 잘되었다. 나는 한동안 부모님으로부터 연락이 없어 걱정을 했는데 오히려 장사가 잘되어 바쁘다는 소식을 듣고 안도의 한숨을 내쉬었다.

그런데 이 일보다 더 기쁜 소식이 나를 기다리고 있었다. 바로 부모님이 교회에 나가시게 된 일이었다. 역시 하나님께서 하시는 일들은 나를 항상 감탄하게 만든다. 부도라는 시련을 겪으며 교회에 나가게 되고 믿음의 가정을 이루게 된 것은 대박 중에도 가장 크고 거룩한 대박이었다. 미국 경제난으로 인하여 아버지의 사업이 실패하여 부도가 났다. 부도를 막지 못한 아버지는 이리저리 피신하며 숨어 살다가 6개월 후에 자수하였다. 아버지의 부도는 고의성이 없는 전 세계적인 경제 한파로 인한 것이라 판단하여 가벼운 처벌을 받고 문제가 해결되었다. 이때부터 우리 부모님들이 교회에 다니게 되었다. 나는 부모님이 교회에 다니시는 것을 보고 신실하신 하나님을 다시 한 번 체험했고, 온 인류의 구원을 멈추지 않으시는 하나님의 위대하심을 느꼈다. 처음에는 손해 보는 것 같지만 하나님께 온전히 충성하고 하나님 나라를 위해 헌신하고 봉사할 때 하나님께서는 이전에 잃어 버렸던 모든 것을 다시 가득 채워 주시고 아픈 곳을 어루만져 회복시켜 주셨다. 그런 하나님께 모든 영광을 올려 드린다.

Chapter. 5

나와의 싸움

어느 날부터 원인을 알 수 없는 짜증이 밀려오기 시작했다. 모든 것이 힘들게 느껴지고 답답했다. 왜 이런 마음이 드는 것인지 이유를 생각하는 것조차 귀찮았다. 아이들을 만나면 언제 그랬냐는 듯이 얼굴이 펴지는데, 유독 혼자 있을 때면 모든 것이 답답하고 마음이 어두워졌다. 아이들과 함께 할 때는 물새 선생님이지만 조그마한 상자 같은 내 방에 혼자 남게 되면 그냥 평범한 28살 김연희가 되었다.

사실 20대 중후반에 들어서면서부터 말할 수 없는 고민들이 나를 괴롭혔다. 나의 미래, 진로, 결혼 등등 내가 앞으로 겪을 일들에 대한 막막함과 고민들이 내 머릿속을 가득 차지하고 있었던 것이다.

내가 만약 이 빈민촌을 떠난다면 어떻게 될까? 이곳을 그리워하지 않을 자신이 있을까? 그렇다고 한국에 가서 내가 무엇을 할 수 있단 말인가. 나는 아무런 용기가 없었다. 그저 불확실한 미래에 대한 걱정만 늘고 자신감만 잃어 갈 뿐이었다.

그러다가 문득 캄보디아에서 평생 사역하겠노라 고백하던 처음과는 달리 미래의 일들을 걱정하고 고민하는 나 자신이 부끄럽게 여겨졌다. 이렇듯 나는 나 자신과의 싸움을 하고 있었다. 나의 최고의 적은 바로 내 마음속에 있었다. 나는 쓸데없는 고민과 잡념을 떨쳐 버리기 위해 성경을 펼쳐 소리 내어 읽기도 하고, 일기를 쓰며 기도의 시간을 가졌다. 무릎을 꿇고 나의 세상적인 욕심을 회개하자 눈물이 바다를 이루었다. 앞으로는 나를 위해 우는 것이 아니라 하나님의 나라와 하나님의 사랑에 감사하며 울겠노라 다짐했다.

정말이지 돌이켜 보면 힘들고 지칠 때마다 하나님께서 항상 함께해 주셨다. 육적으로 아픈 후에 많은 분들을 기도 동역자로 보내 주셨다. 또한 『메콩강 빈민촌의 물새 선생님』이란 책을 출간할 수 있게 하셨고, KBS, CTS, CBS 방송국 출연까지 허락하셔서 내 삶의 지경을 넓혀 주셨다. 내가 만약 하나님을 믿지 않고 이 빈민촌에 오지 않았더라면 어린 내 나이에 이런 큰 축복들을 어찌 감히 누릴 수 있었겠는가. 그 은혜를 생각하면 김연희라는 내면의 강적을 거뜬히 이길 수 있을 것 같다.

나와의 싸움은 이것으로 끝나지 않을 것이다. 평생을 살면서 수백 번, 아니 수천 번을 싸워야 할지 모른다. 하지만 내가 겪는 내면의 갈등과 번뇌는 하나님께서 나의 욕망과 욕심을 버리도록 훈련시키는 것이리라 생각한다.

오늘도 나는 내면의 나와 싸우는 훈련을 하고 있다. 그때마다 나는 사도 바울의 고백처럼 "나는 날마다 죽노라"고 고백할 것이다. 나의 욕망 때문에 예수님이 가려지지 않도록 할 것이다. 영적 싸움에 지거나 스스로 허물어지지 않도록 기도를 멈추지 않으면서 나 자신을 치면서 살아 갈 것이다. 하나님의 훈련에 기쁨으로 임하며 날마다 조금씩 나 자신을 버릴 것이다. 내가 사랑하는 캄보디아 빈민촌 가족들을 위해서…….

6. 나무처럼 크는 아이들

도레미파솔라시도 / 기타 치는 나런 / 단기 유학생, 완다 /
왈가닥 수안의 변화 / 태권 소녀, 나리 / 음악 천재, 페랑

Chapter. 1

도레미파솔라시도

음악을 배우기 전에 반드시 익혀야 하는 것이 도레미파솔라시도 8음계이다. 그런데 빈민촌 아이들은 학교에서 음악을 배워 본 적이 없었다. 찬양을 배울 때도 음정이 전혀 맞지 않아 곤혹을 치르기도 했다. 음악 이론을 배운 적이 전혀 없는 아이들을 앞에 놓고 나는 음악의 기초부터 가르쳐야 했다.

새로운 것을 배운다는 생각에 많은 아이들이 호기심 어린 눈빛으로 모여들었다. 교회에서 처음으로 피아노, 기타, 드럼, 색소폰, 플루트, 바이올린 등의 악기들을 접한 아이들은 마냥 신기하고 즐거워했다. 나는 음악을 전공한 적도 없고 특별하게 달란트가 있는 것도 아니었지만 내가 알고 있는 모든 음악적 지식과 경험을 아이들한테 전달해 주고 싶었다.

먼저 칠판에 도레미파솔라시도를 그리고 음계를 익히는 것부터 가르치기 시작했다. 다섯 개의 직선에 콩처럼 생긴 점들이 걸려 있는 그림을 보고 아이들은 키득키득 웃었다.

"자, 웃지 말고 선생님이 내는 소리를 잘 듣고 따라 해 봐요."

나는 칠판의 음표를 하나하나 짚으며 천천히 "도레미파솔라시도"를 불렀다. 아이들은 순서대로 올라가는 음표를 이해하기는 했지만 소리가 올라가는 것은 잘 이해하지 못하는 듯했다. 내가 하는 대로 간절히 따라 하고 싶은 눈치였지만 아이들이 내는 소리는 여전히 같은 음에 머물러 있었다. 빈민촌 아이들에게 음표는 단지 그림이었고, 음감은 단순히 소리 지르는 것이라는 생각을 가지고 있었던 것이다. 그래도 나는 포기하지 않고 반복에 반복을 거듭했다.

한 달 후 아이들은 겨우 8음계를 익힐 수 있었다. 하지만 거기서 더 나아가질 못했다. 계속 음계 익히는 것만 몇 달을 하게 되자 내가 가르치는 방법이 잘못된 것인가 고민이 되기 시작했다. 마음속으로는 빈민촌 합창단과 오케스트라에 대한 꿈을 백 번도 더 꾸었지만 현실적으로는 갈 길이 까마득했다.

'여기서 포기할 수는 없어. 아이들이 음계를 완벽히 익힐 때까지 멈추지 않고 해보는 거야.'

나는 두 주먹을 불끈 쥐었다.

한참 후에 우리 빈민촌 아이들이 드디어 계이름 시험을 만점 받았을 때 나는 아이들의 가능성을 확인했다. 지금도 진행 과정에 있고, 우리가 꿈꾸는 목표까지는 아직 갈 길이 멀다는 것을 안다. 하지만 천천히 가면 어떠랴. 언젠가 하나님을 찬양하는 아름다운 합창단이 만들어지리라 믿어 의심치 않는다.

음계를 익힌 다음에는 아이들에게 피아노와 아코디언, 플루트, 색소폰, 트럼펫, 바이올린, 일렉트릭 기타, 베이스 기타 등 한 가지 악기를 정해 연습시키면서 나도 머리가 핑 돌 정도로 악기 공부에 매진했다. 아이들에게 기초를 가르치기 위해 날 밤을 세워가며 악기를 익히는 노력을 한 것이다. 아마도 아이들은 내가 그 많은 악기를 다 다룰 줄 아는 엄청난 실력가로 생각하고 있을지 모른다. 그래서 때로는 좀 미안한 마음도 든다. 음악을 전공한 훌륭한 선생님께 악기를 배운다면 훨씬 좋을 텐데 말이다.

다행히 캄보디아를 방문하는 선교팀에 악기를 잘 다루는 분들이 있어서 그분들이 올 때마다 악기를 가르쳐 달라고 부탁할 수 있었다. 아이들은 선교팀이 화음을 맞추어 가며 찬양할 때마다 눈이 휘둥그레지고, 피아노 반주를 하는 선생님의 연주에 깜짝 놀라는 얼굴이었다. 나는 선교팀 선생님들이 가르쳐 주는 것을 옆에서 보고 배우며 아이들을 어떻게 연습시킬지를 공부했다. 내가 먼저 배워야 아이들을 가르칠 수 있기 때문이다.

꾸준한 노력 때문인지 아이들의 악기 다루는 솜씨가 나날이 성장해 가고 있다. 아름다운 소리를 내는 청년들이 제법 많아졌고, 하루 종일 악기를 손에서 놓지 않고 연습하는 열정적인 그룹들도 생겼다. 만약 나나 아이들이나 못한다고 도중에 그만두었다면 이러한 아름다운 풍경은 구경도 못했을 것이다.

지금은 복음성가 곡을 일주일마다 연습하여 주일에 특송을 한다. 피아노, 기타, 베이스 기타, 색소폰, 아코디언, 플루트, 트럼펫, 실로폰, 바이올린, 드럼 등 다양한 악기를 연주하고, 찬양 리더도 세웠다. 지금은 어린 아이들이지만 앞으로 꾸준히 연습하면 10년 후에는 하나님께 영광을 올리는 신실하고 멋진 연주자가 되어 있을 것이다. 우리 아이들의 손과 입에서 흘러나오는 아름다운 찬양이 캄보디아 온 땅에 하나님의 복음과 사랑을 퍼뜨릴 수 있기를 기도한다.

 Chapter. 2

기타 치는 나련

중국어 예배팀을 시작하면서 찬양밴드를 만들면 어떨까란 생각을 했다. 그렇게만 된다면 예배시간이 더 풍성해질 것 같았기 때문이다. 나는 즉시 실천에 옮기기 위해 교회 청년 찬양팀에게 찬양밴드 선생님이 되어 달라고 부탁했다. 흔쾌히 하겠노라는 대답을 받아 기뻐했는데, 공교롭게도 중국 화교 아이들이 학교 가는 시간과 교회 청년 찬양팀이 학교 가는 시간이 정반대여서 연습 시간을 정하기가 참으로 애매했다.

우여곡절 끝에 겨우 어렵게 시간을 맞추어 모인 아이들은 눈을 반짝이며 악기 연습에 몰두했다. 짬을 내서 하는 연습이었지만 아이들 모두 진지했고, 점점 시간이 흐를수록 처음 악기를 만질 때보다 실력이 향상되었다. 우리는 언젠가 예배 시간에 아름다운 찬양 연주를 하기를 꿈꾸며 기도하는 마음으로 연습에 임했다.

특히 12살의 나런은 다른 학생들보다 열심히 연습했다. 나런이 기타를 배우고 있었는데, 처음에는 기타줄 누르는 것조차 힘이 들어 애를 먹었다. 손가락에 힘이 없어 선생님인 내가 기타 코드대로 줄을 꾹꾹 눌러 주어야 겨우 소리가 나곤 했다. 자신의 뜻대로 연주가 안 되어 짜증이 난 나런은 손이 너무 아프다면서 눈물을 뚝뚝 흘렸다.

"선생님, 너무 힘들어서 더 이상 못하겠어요."

나런이 힘들어 하는 모습을 보니 안타까운 마음이 들었다. 캄보디아에 오기 전 나도 아이들에게 가르쳐 줄 달란트가 없어서 기타를 배워 보려 했다. 생각보다 쉽지 않았지만 악기를 가르쳐 줄 수 있다는 기쁨에 땀방울을 흘리며 맹연습을 했다. 연습하는 동안 손가락에 물집도 잡히고 굳은살도 생기다 보니 포기하고 싶은 적이 한두 번이 아니었다. 그래서 나런의 마음이 어떨지 누구보다 잘 알았다. 그렇다고 여기서 그만두게 할 수는 없었다. 어떻게 해서든지 마음을 달래고 힘을 북돋워 주어서 기타 연습을 하게 해야 했다.

"나런, 지금 많이 속상한 거 알아. 하지만 참고 더 연습하면 기타를 잘 칠 수 있을 거야. 기타를 들고 여러 곳을 다니며 친구들한테 연주해 줄 생각을 해 봐. 얼마나 신 나고 즐거울까? 나런, 선생님을 믿어 봐."

나는 나런의 아픈 손가락을 꼭 잡고 기도해 주었다. "하나님께서 나런의 손에 힘을 불어 넣어 주시어 기타 소리가 아름답게 날 수 있게 해주세요." 기도를 하고 나니 나런의 기분도 한결 나아진 듯했다. 두 눈이 초롱초롱해진 나런이 눈물을 닦고 다시 기타 연습에 몰입했다. 그날 이후로 나도 기타를 손에 들게 되었다. 함께 기타를 치면 나런이 더 힘을 얻을 것 같아서였다. 오랜만에 기타를 연주하니 손가락이 얼얼하고 아팠지만 나런이 방긋 웃는 모습을 떠올리니 손가락 끝의 아픔은 아무것도 아니었다.

요즘 나런의 기타 실력이 제법 많이 늘었다. 이제는 동생들에게 기타의 기본적인 연주법을 가르쳐 줄 정도가 되었다. 자신도 연습하면서 남을 가르치다 보니 실력이 월등히 높아지는 것 같았다. 이렇게 배우면서 가르치는 관계가 밴드팀에 형성되면서 분위기가 더 화기애애해지고 서로의 사이가 더 돈독해졌다.

밴드를 만들어서 악기 연습을 하는 동안 나는 악기를 연주하는 시간보다 아이들을 위해 기도하는 시간이 더 많아졌다. 아직 악기에 생소한 아이들이 연주에 익숙해지고, 그것으로 인해 하나님 안에서 더 클 수 있도록 날마다 기도하고 있기 때문이다. 아이들은 악기를 배우며 성장하고, 나는 그 아이들을 위해 기도하며 성장한

다. 언젠가 어린 나의 제자들이 빛의 사자로 늠름하게 자라나 이 어두운 땅에 복음의 빛을 퍼뜨리고 기뻐 찬양하는 날이 올 것이다. 찬양 밴드팀이 우뚝 서서 하나님을 경배할 날이 반드시 올 것을 믿는다.

Chapter. 3

단기 유학생, 온다

빈민촌 아이들과 청년들을 가르치다 보면 한 번쯤 한국으로 데려가서 한국 교회를 보여 주고 싶은 생각이 들 때가 있다. 교회 성도들이 신실하게 예배드리고 기도하며 성경 공부하는 모습을 보면 아이들도 진한 감동과 은혜를 받을 것 같아서다. 믿는 사람들의 교제와 찬양집회와 기도회를 통해 은혜 받고 각자의 삶 속에서 기독교인으로 살아가는 것이 어떤 것인지를 몸소 체험할 수 있을 텐데……. 하지만 언젠가부터 후원해 주는 교회나 성도들이 없어서 초청 사역이 중단된 상황이다. 나는 매일 안타까운 마음으로 초청의 길이 열리기를 기도했다.

그런데 뜻밖에 한국에서 한 성도님이 캄보디아 아이 한 명을 한 달간 초청하고 싶다는 연락을 해 오셨다. 오, 할렐루야! 하나님께서 나의 기도를 들어 주신 것이다. 처음에는 너무 기뻐 믿어지지가 않았다. 성도님은 자신에게 아들이 있는데, 기왕이면 아들과 친구가 될 수 있는 남자아이를 초청하고 싶다고 하셨다. 나는 어떤 학생을 보내면 좋을지 골똘히 생각에 잠겼다.

그때부터 남자아이들의 교회 생활을 좀 더 주의 깊게 바라보며 기도하면서 누구를 보내면 좋을지 고민에 빠졌다. 한국 초청에 적합한 아이를 선정하려면 부모님과 교회와의 관계, 친구들과의 관계, 건강상태와 성실도, 신실성 등 다방면으로 고려해야 한다. 물론 한국에 가서 한 달 동안 생활하는 것이기에 한국의 음식과 문화에 잘 적응할 수 있는지도 따져 봐야 했다. 나는 날마다 기도하며 주님께 여쭈었다. "주님, 어떤 학생을 보내면 좋을지 가르쳐 주세요. 저의 생각이 아닌 하나님의 생각으로 행할 수 있도록 도와주세요."

하루는 교회 안을 혼자서 돌아보고 있는데, 한 아이가 교실에서 무언가를 하고 있었다. 누군가 싶어 가까이 다가가 보았더니 완다였다. 완다는 비가 와서 나무 책상에 고인 빗물을 열심히 닦고 있었다. 그래야 책상이 썩지 않기 때문이다. 나는 완다가 직접 걸레를 들고 교회 안의 책상을 닦으며 홀로 섬기는 모습에 진한 감동을 받았다.

  완다는 13살의 남학생인데, 이 마을로 이사 온 지 한 달이 채 안 되었을 때 동생인 5살의 미미를 데리고 교회에 나오기 시작했다. 완다는 생경한 교회 생활을 누구보다도 잘 해냈고 교회 아이들과도 금세 친해졌다. 청년 선생님들도 잘 따르고 순종해서 누구에게나 예쁨을 받았다. 성실하고 마음이 착한 완다 남매는 알면 알수록 사랑해 주고 싶은 아이들이었다.

  완다는 항상 웃는 얼굴이었고, 동생들을 잘 보살피고 친구들과도 한 번도 싸우지 않은 온순한 학생이다. 그래서 완다 형제를 한국 보내는 것을 고려하게 되었다. 하지만 아직 초신자라 확신이 서지는 않았다.

  점점 한국으로 보낼 남학생을 결정해야 할 시간이 다가오고 내 마음도 조급해졌다. 그러던 차에 때마침 완다의 부모님이 완다의 인도에 이끌려 교회에 나오셨다. 감사하게도 두 분 모두 교회에 호의적이었고, 예수님을 영접하고 매주 교회에 나오겠다고 하셨다. 이렇게 완다의 부모님이 순조롭게 교회 출석을 약속하다니 꿈만 같았다.

  완다의 아버지는 공장에서 재단 일을 하고 계셨고, 어머니는 집에서 아이들을 돌보고 계셨다. 하지만 한 달 10만 원이라는 적은 수입에서 집세 4만 원을 내고 6만 원으로 네 가족이 먹고 살아야 했기에 하루에 한 끼만 먹는 날도 종종 있었다. 항상 영양실조에 걸려 유독 완다와 동생 미미는 또래에 비해 체구가 작았다. 하지만 부모님을 주님 앞으로 인도한 빈민촌의 작은 아이 완다는 내 눈에 어떤 아이보다도 커 보였다. 예배 시간 전부터 와서 기도하며 예배를 기다리는 완다의 부모님을 지켜보면서 완다가 기특하고 대견스럽게 느껴졌다. 하나님께서는 완다를 통해 한 가정을 살리시려는 계획을 갖고 계셨던 것이다.

나는 하나님께서 완다를 한국에 보내기를 원하실 것 같다는 생각을 하게 되었고, 드디어 완다를 초청 학생으로 결정하였다. 결정이 되자마자 모든 준비가 일사천리로 진행되었다. 완다는 나의 가르침에 항상 웃으며 잘 따라와 주었다. 낯선 타국에 가서도 울지 않고 잘 적응하리라는 신뢰감이 쌓여 갔다.

마침내 완다가 한국으로 떠났다. 며칠 동안 걱정이 되어 기도하다가 그곳에서 잘 지내고 있다는 연락을 받고 나서야 비로소 안도의 한숨을 내쉬었다. 어린아이지만 한국에서 배우고 싶었던 모든 것을 접할 수 있기를 기도했다. 눈 깜짝할 사이에 한 달이 지나고, 완다가 캄보디아 공항에 도착했을 때 처음에는 못 알아보았다. 완다가 살이 토실토실 오르고 키도 크고 옷도 깔끔하게 입고 있었기 때문이다. 한국에서 지낸 시간들을 친구들에게 이야기하며 시간 가는 줄 모르는 완다를 보면서 그동안의 시간들이 주마등처럼 스쳐 지나갔다.

"그래, 지금 이 순간을 보기 위해 그렇게 고단한 시간을 보낸 거야. 하나님, 감사합니다."

완다는 초청해 주신 성도님 집에서 피아노와 미술을 배우고 한국의 여러 명소도 들러 다양한 경험을 한 덕인지 훌쩍 성장해 있었다. 태어나서 한 번도 입에 대보지 못한 햄버거, 피자도 맛보고 고기 등 실컷 먹고 왔다고 자랑을 늘어놓았다. 또 출석 인원이 2천 명이 넘는 큰 교회에서 예배드리고 기도하는 수많은 기독교인들을 보고 왔다며 그 감동이 엄청났는지 계속 반복해서 이야기를 했다.

한국에 다녀온 뒤로 완다는 예전의 소극적이고 의기소침한 모습은 온데간데없이 사라지고 씩씩하고 늠름해졌으며 자신감이 넘쳤다. 부디 완다가 믿음을 키워 나가며 하나님 안에서 신실하게 자라 나라를 변화시키는 위대한 지도자가 되기를 소망한다.

왈가닥 수얀의 변화

10살의 화교 소녀, 수얀을 처음 만난 것은 5년 전이었다. 빈민촌 마을에 큰 행사가 있었는데, 연로하신 중국계 할머니의 생일이어서 빈민촌에 오랜만에 성대한 잔치가 벌어졌다. 그곳에 참석한 나는 캄보디아의 잔치가 우리나라의 환갑이나 칠순잔치 같은 느낌이 들어 친숙하고 재미있었다. 어느 나라나 비슷한 풍속이 있구나 싶어서 신기하기도 했다. 시끌벅적한 잔치 분위기가 무르익어 갈 때쯤 한 작은 아이가 나에게 다가왔다. 그 아이는 얼음 통을 들고 컵에 얼음을 하나씩 넣어주고 있었다.

"얼음 넣어 드릴게요."

나에게 말을 걸던 아이가 바로 수얀이었다. 그 당시 수얀은 고작 다섯 살밖에 안 됐는데, 진하게 화장을 하고 있었다.

그 이후 마을에서 수얀을 자주 만났지만 교회로 전도하기는 힘들었다. 워낙에 중국 화교 집안이기도 했고, 부모님의 반대도 심했다. 중국 명절만 되면 다른 집보다 더 유난히 중국 전통 행사를 많이 했다. 가짜 미국 달러를 태우며 집안에 행운이 들어오기를 빌기도 하고, 향을 피우며 온 동네가 떠나갈 정도로 크게 중국 노래를 틀기도 했다.

예쁘장하게 생긴 수얀은 보기보다 개구쟁이였다. 여자아이임에도 불구하고 야생마처럼 뛰어 놀기를 좋아해서 항상 골목대장을 하며 아이들을 몰고 다녔다. 워낙 활달해서 동네 꼬마들도 수얀을 곧잘 따랐다. 나는 그런 수얀에게 사탕도 나눠 주고 교회에 나와 같이 공부하면 어떻겠냐고 권유하기도 했지만 수얀은 들은 체도 안했다. 그래도 나는 실망하지 않고 수얀을 만날 때마다 사탕을 주었다. 몇 개월간 사탕을 주고 조그마한 선물도 계속 주자 감동을 받았는지 교회에 나오기 시작했다.

수얀은 중국 화교이지만 중국말을 하지 못했다. 그래서 교회에서 가르쳐 주는 중국어를 열심히 배웠다. 중국 화교들을 위한 예배 팀이 시작되면서부터는 하루도 안 빠지고 교회에 나와 공부하며 기도하고 찬양하였다. 골목대장 수얀이 교회에 나오기 시작하자 동네 꼬마들도 하나둘 따라 나오게 되었다. 리더십도 있고 동생들을 잘 보살피며 열심히 공부하는 수얀을 보며 몇 번이고 주님께 감사기도를 드렸는지 모른다. 중국 예배팀을 통해 수얀이 주님 안에서 신실하게 자라나는 모습을 지켜 볼 수 있어서 기뻤다. 왈가닥이었던 수얀이 교회에 나오면서부터 점점 성숙해지고 점잖아져서 동생들의 모범이 되기도 했다.

어느 날 이런 수얀에게 한국에 갈 수 있는 뜻밖의 기회가 주어졌다. 그 소식을 들은 수얀의 얼굴에 웃음꽃이 활짝 피었다. 그 전에도 몇 번 한국 교회의 초청을 받아 빈민촌 아이들이 한 달 간 유학을 다녀온 적이 있었다. 한국에서 지내며 맛있는 것도 먹고 악기도 배우면서 알찬 시간들을 보내 아이들에게 깊은 인상을 남겼었다.

그런데 이번에 수얀에게 그런 좋은 기회가 생긴 것이다. 수얀은 한 달 간 한국에서 피아노와 플루트를 배우고 영어 공부도 했다. 한국 선생님들의 정성스런 보살핌과 영양가 있는 음식을 섭취한 덕분인지 수얀은 몰라보게 살이 오르고 더 예뻐졌다.

캄보디아에 돌아온 수얀은 한국 친구들과 함께했던 시간들을 그리워하며 틈만 나면 아이들에게 한국 이야기를 해 주었다. 물론 피아노와 플루트 연습도 게을리 하지 않았다. 한국에서 썼던 악보와 영어단어 책은 마치 보물처럼 항상 옆구리에 끼고 다녔다. 얼마나 아끼는 것이면 한시도 손에서 내려놓지 않을까 하는 생각이 들었다. 한국 선생님들과 친구들을 많이 그리워하는 모습도 보였다.

　가장 큰 변화는 가족들이 시골에 가거나 놀러가도 수얀은 혼자서 교회에 나와 기도하고 공부한다는 것이다. 6살 된 동생도 꼭 교회에 데리고 와서 공부하고 예배드리도록 가르치고 있다. 하나님을 만난 수얀의 삶이 이처럼 변화된 것을 볼 때마다 다시금 주변 분들의 도움과 사랑이 얼마나 값진 것인지를 느낀다. 작은 헌신이 사람을 변화시키고 작은 봉사가 지역 사회를 변화시키는 원동력이 되는 것 같다.

Chapter. 5

태권 소녀, 나리

"얍! 얍!"

어디선가 가냘픈 기합소리가 들렸다. 소리가 나는 곳으로 가보 았더니 14살의 나리가 어린 아이들을 모아 놓고 태권도를 가르치 고 있었다. 나리는 야무진 얼굴로 기합소리를 연이어 외쳤다.

"워아서기!"

잠시 후 자세를 고치더니 또 외쳤다.

"다랑이 서기!"

그리고 뒤이어 주먹을 허리에 대고는 "주침서기!" 라고 소리쳤다.

빈민촌 어린 꼬마들은 나리 선생님의 말을 어설프게 따라 하며 동작을 흉내 냈다. 그런데 아무리 귀를 기울여도 나리가 하는 말이 무슨 뜻인지 알 수가 없었다. 태권도에 대해 아는 것이 전혀 없었던 나는 뒤늦게 나리가 소리친 말의 의미를 다른 선생님을 통해 듣고서 빙그레 미소를 지었다. 나리가 어설픈 발음으로 소리쳤던 말은 바로 이러했다.

"워아서기!" ("모아서기!")
"다랑이 서기!" ("나란히 서기!")
"주침서기!" ("주춤서기!")

무슨 뜻인지 알게 되자 나리가 더 대견하고 예뻐 보였다. 나리는 한국에서 한 달간 숙식하며 악기도 배우고 신앙적으로 많은 훈련을 받고 왔다. 처음에 한국에 갈 때에는 친구들과 잠시 떨어져 있는 것이 슬프고, 비행기 타는 것도 겁이 나고 긴장도 된 탓인지 눈

6. 나무처럼 크는 아이들

물을 글썽였는데, 지금은 얼마나 씩씩하고 의젓한지 모른다.

나리는 한국에서 일렉트릭 기타와 피아노, 오카리나, 태권도, 한국어 등을 배우면서 문화적 충격을 받았다. 캄보디아에서는 악기 하나 배우기가 힘든데, 한국에서 다양한 악기를 다루는 선생님들을 보고 어지간히 놀란 모양이었다. 특히 태권도가 인상적이었는지, 한국에서 지낼 때에도 태권도를 열심히 배우면서 캄보디아로 돌아가면 꼭 빈민촌 아이들에게 태권도를 가르쳐 주리라 다짐했다.

한 달 간의 일정이 거의 끝날 때쯤, 나는 나리를 데리러 대전으로 내려갔다. 나리는 대전에서의 마지막 날 밤을 보내면서 눈물을 글썽거렸다. 캄보디아에서 한국으로 떠나기 전날 눈물을 흘렸던 것처럼 말이다.

"선생님, 대전 교회 목사님과 선생님들이 너무 보고 싶을 것 같아요. 모두 저에게 친절히 대해 주셔서 얼마나 감사한지 모르겠어요."

나리는 훌쩍거리며 나에게 말했다. 나도 어린 나리가 정이 든 한국 교회 분들과 헤어지는 것이 얼마나 슬플까 싶어 꼭 안아주었다. 한국 교회 분들은 먼 캄보디아에서 온 나리를 친자식처럼 사랑하고 보살펴 주셨다. 한 달간 지극히 보살펴 준 대전의 성도님과 헤어질 때 서로 눈물바다를 이루었다. 대전에서 받은 사랑과 보살핌은 나리 자매의 마음속 깊이 간직되어 영원히 잊지 못할 것이다.

대전에서 서울로 올라오면서 휴게소에 들렀다. 휴게소를 본 나리는 여기가 공항이냐고 물었다. 휴게소가 캄보디아 공항만 한 크기여서 그렇게 생각했던 것이다. 화장실에 데려가 비누거품을 내어 손을 씻겨 주자 거품이 아이스크림 같다며 먹는 시늉을 하며 즐거워했다. 아, 얼마나 순수한 아이인가. 나는 나리의 순수함에 이상하게 코끝이 찡해졌다.

서울로 올라오는 길에 차창 밖의 야경을 보더니 감탄을 연발했다.
"선생님, 불빛이 반짝반짝 거려 너무 예뻐요."

한강 다리를 지나면서는 한국에는 다리도 참 많고 모든 다리가 다 예쁘다고 했다. 63빌딩을 지날 때에는 63층이란 소리에 놀라 소리를 질렀다. 저 큰 건물 안에 2만 명 정도의 사람들이 일하고 있다고 했더니, 놀라움을 금치 못하면서 빌딩을 한참 동안 쳐다보았다.

나는 다음날 시간을 내어 서울 지하철을 일부러 태워 주었다. 복잡한 지하철이어서 정신이 없었지만 나리는 마냥 신이 나서 고개를 이리저리 돌리며 구경하기에 바빴다. 내친김에 역 근처에 있는 우체국에도 데리고 갔다. 우체국에 있는 자판기를 뚫어져라 보고 있기에 나는 동전을 쥐어 주며 동전구멍에 넣어 보라고 했다. 캄보디아에는 동전이 없기에 나리 자매가 어리둥절한 표정을 지으며 동전을 구멍에 넣었다. 그랬더니 음료수가 쿵 하고 아래로 떨어지는 소리가 들렸다. 아래에서 음료수를 꺼내 주었더니 까르륵 웃으며 좋아했다. 순박하게 웃는 나리의 얼굴이 너무나 사랑스럽고 귀여웠다.

비행기 시간이 다가와 서둘러 공항으로 향했다. 공항으로 가는 차 안에서 나리는 갑자기 창문을 열고 외쳤다.

"또 만나요, 한국 선생님들! 또 만나요, 대한민국! 나중에 꼭 다시 올게요!"

14살이 된 나리는 한국에서 배운 것들을 피나게 연습하며 동생들을 가르치는 선생님 역할을 감당하고 있다. 미래에 나리는 분명 캄보디아에 복음을 전하는 리더가 되어 있을 것이다.

 Chapter. 6

음악 천재, 페랑

소리만 듣고 악기의 음을 찾아내는 절대음감의 페랑 형제. 페랑 형제는 여러 악기를 혼자 독학한 음악 천재이다. 악보도 읽을 줄 모르고, 운지법도 몰랐지만 클라리넷과 색소폰을 멋지게 불어서 주위 사람들을 놀라게 하더니, 뒤이어 일렉트릭 기타, 베이스 기타, 피아노까지도 연주하는 기적을 보여 주었다.

페랑 형제에게 음악적으로 천부적인 재능이 있다는 것을 안 나는 전문적인 선생님 밑에서 배울 수 있게 해 주고 싶은 마음이 굴뚝같았지만 나의 바람일 뿐 현실적으로는 어려운 일이었다. 나는 페랑이 하나님 안에서 음악적으로 더 많이 성장할 수 있도록 기도

하는 일밖에 할 수 없었다.

　페랑 형제는 스스로 독학하는 것을 포기하지 않고 꾸준히 연습하여 교회 동생들에게 악기 연주를 가르쳐 주며 교회 밴드를 섬겼다. 자신의 달란트를 다른 사람들을 위해 사용하는 페랑의 모습이 그렇게 대견스러울 수가 없었다. 그러던 어느 날 뜻밖에도 한국에서 초청 편지가 왔다. 한 달 동안 한국에서 지내는 것인데, 이번에 페랑 형제가 한국에 갈 수 있게 된 것이다. 나는 가슴이 마구 뛰기 시작했다. 페랑 형제가 전문 음악 선생님한테 악기를 배우고 돌아오면 그 실력이 몰라보게 향상할 것이라는 기대감이 생겼기 때문이다.

　감사하게도 페랑 형제는 한국에서 알찬 한 달을 보내고 왔다. 음식 고생도 하지 않고 기숙사에서 지내면서 열심히 악기를 배우고 한글도 배웠다. 캄보디아 친구들을 가르쳐 주어야 한다며 찬양 사역도 부지런히 배웠다. 한 달 뒤 돌아온 페랑 형제는 한국에서 배워 온 악기 연주를 토대로 밴드팀 아이들을 데리고 연습도 시키고 혼자 악보도 만들었다. 누가 보아도 페랑은 엄연한 밴드 지도자였다.

　그런데 행복한 일들만 이어질 것 같았던 페랑 형제의 삶에 먹구름이 드리우는 사건이 일어났다. 어느 날 열심히 교회 밴드를 섬기던 페랑 형제가 몸져눕고 만 것이다. 너무 과로하여 감기에 걸렸나 싶었는데, 사흘이 되어도 교회에 나오지 않자 불안한 마음에 페랑 형제의 집을 찾았다.

페랑 형제는 뎅기열병에 걸려 시름시름 앓고 있었다. 약으로도 낫지 않아 링거를 맞으며 열이 가라앉기를 기다리는 수밖에 없었다.

열이 40도까지 끓어오르는데 병원 갈 돈은 없고. 그야말로 고통의 순간들이었다. 나는 꾹 참고 지켜보다가 도저히 안 되겠어서 페랑 형제를 급히 병원으로 데리고 갔다. 페랑 형제의 손발은 퉁퉁 부어올랐고 온몸이 불덩이 같았다. 아, 얼마나 힘들고 아플까. 페랑 형제의 신음소리를 듣고 있으려니 내 가슴이 찢어지는 것처럼 아팠다.

6. 나무처럼 크는 아이들 157

겨우 병원에 입원한 페랑 형제는 더 야위었고 안쓰러워 보였다. 인기척을 느꼈는지 곤히 잠을 자던 페랑이 눈을 떴다.

"선생님, 안녕하세요?"

한국말로 인사를 건네는 페랑 형제의 목소리에 나는 울컥 눈물이 치솟았다. 그러면서 한편으로는 안심이 되었다. 다시 씩씩하고 명랑한 페랑으로 돌아온 것 같아서였다. 나는 페랑의 두 손을 꼭 잡고 얼른 나을 수 있기를 기도했다.

며칠 뒤 병세가 호전되어 퇴원을 했다. 그런데 이럴 수가. 다시 열이 올라 병원으로 후송된 페랑은 일주일이 넘게 고열에 시달렸다. 낮에는 열이 좀 내렸다가 밤이나 새벽이 되면 다시 열이 치솟아서 고통 속에서 신음하며 아파했다. 그렇게 2주일이 흘렀다.

다행히 열이 내리고 기력이 많이 회복되어 보였다. 하지만 안심하기엔 일렀다. 페랑의 건강에 다른 이상이 생긴 것이다. 페랑이 이상하리만치 말을 많이 하고 정서적으로 불안한 듯 몸을 가만히 두지 못했다. 겉모습은 멀쩡한데 쉬지 않고 말을 하는 것을 보고 교회 아이들이 무섭다고 곁에 오려 하지 않았다. 나중에야 뎅기열 후유증으로 뇌가 손상이 되었으며 원상회복은 어려울 것이라는 담당 의사 선생님의 이야기를 듣고 나는 가슴이 철렁 내려앉았다.

병원에서 퇴원한 페랑은 통제가 되지 않는 자신의 모습에 답답했는지 매일 우울해하다가 어느 날 갑자기 자취를 감추고 말았다.

나는 밀려오는 불안감과 두려움을 떨쳐버릴 수가 없어 교회 청년들과 함께 페랑 형제를 찾아 나섰다.

"페랑, 제발 죽지 말고 살아 있어 다오."

빈민촌 구석구석을 찾아보았지만 페랑 형제는 어디에도 없었다. 속수무책으로 가만히 앉아서 페랑 형제의 소식을 기다릴 수밖에 없었다. 며칠 수 다행히 친척집에 머물러 있다는 소식을 듣게 되어 한시름 놓을 수 있었다.

교회에서는 틈만 나면 페랑을 위해서 눈물을 쏟으며 기도했다. 모든 것을 하나님께 맡기겠으니 페랑 형제의 건강을 지켜 주시고 그 고통을 이기게 해달라고 말이다. 얼마 안 있어 페랑 형제는 집으로 다시 돌아왔다. 예전보다 조금은 안정된 모습이었다.

페랑 형제를 보면 나도 모르게 눈시울이 붉어지고 가슴이 메어진다. '왜 하나님은 성실하고 부지런한 페랑 형제에게 이런 아픔을 주시는 걸까?' 라는 의문이 내 뇌리에서 떠나질 않았다. 내 몸이 아플 때보다 더 아프고 답답했다. 페랑 형제를 위해 해줄 수 있는 게 없는 것 같아 한동안은 페랑의 얼굴을 제대로 쳐다보지 못했다. 만날 때마다 씩씩하고 명랑했던 페랑 형제의 모습이 자꾸 겹쳐서 눈물이 났다.

페랑 형제는 그 좋아하던 악기 연주도 제대로 할 수 없게 되었다. 악기를 연주하다가 흥분되어 심장 박동수가 빨라지기 때문이

다. 악기 연주를 하고 싶어 하는 마음은 알겠지만 그렇다고 연주를 하도록 내버려 둘 수는 없었다. 눈 딱 감고 냉정하게 악기를 빼앗아야만 했다. 몸이 다시 건강해지면 기타도 치고 피아노도 치며 하나님께 영광 돌리자고 이야기하며 다독여 주었더니 눈물을 흘리며 말했다.

"선생님, 저 빨리 낫고 싶어요. 빨리 나아서 기타도 치고 피아노도 치고 싶어요. 하나님을 위해 일하고 싶어요. 빨리 나을 수 있도록 저를 위해 기도해 주세요."

페랑의 말을 듣고 나는 한참을 엉엉 울었다. 애절한 그 마음을 알기에 페랑 형제의 눈물이 나의 눈물 같았다.

페랑 형제가 아픈 지 1년이 지났다. 지난 1년 동안 페랑 형제를 위해 날마다 기도했다. 지금은 전보다 많이 회복하여 기타도 치고 피아노도 치며 음악으로 하나님께 영광을 돌리고 있다. 이제 중학교도 복학할 수 있을 정도로 건강이 호전되었다. 교회에서는 항상 미소를 지어 보였고, 빈민촌 아이들에게 영어도 가르쳐 주고 있다. 앞으로도 페랑 형제가 살아가면서 아픔을 이겨 내며 알게 된 하나님의 사랑을 다른 사람들에게 전하고 그들을 위로하는 청년으로 자라게 되리라 믿는다.

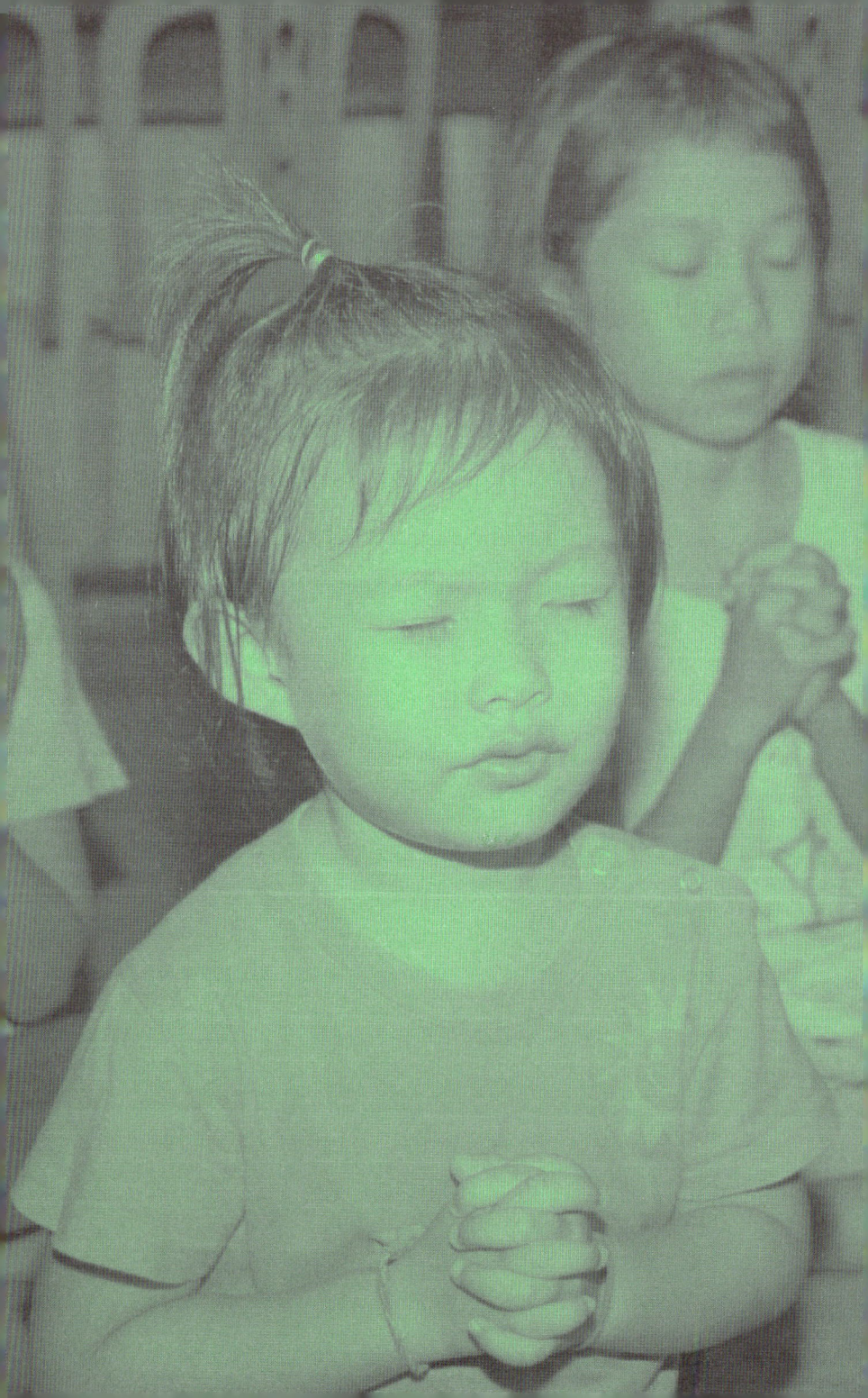

메콩강 빈민촌의 물새선생님 2

7. 하나님, 우리를 지켜 주세요

화마가 휩쓸고 간 마을 / 마을을 지킨 빈민촌 교회 / 유리병 투척 사건 / 마을 초청 잔치

 Chapter. 1

화마가 휩쓸고 간 마을

그날도 평소처럼 저녁밥을 짓기 위해 쌀을 씻고 있었다. 그때 전화벨이 따르릉 울렸다. 수화기 너머로 황급한 목소리가 들려왔다.

"선생님, 마을에 불이 났어요. 집사님 집이 화재 현장 바로 옆에 있어서 지금 위험해요. 빨리 사람들을 대피시키고 집안 살림들은 챙겨서 교회로 가져가도록 할게요."

아, 이럴 수가. 교회 인근의 7층 대형공장에서 화재가 일어난 것이다. 밖에서 들리는 사이렌 소리가 심상치 않았다.

'제발 큰불이 아니었으면 좋겠는데. 하나님 불길이 더 이상 번지지 않게 도와주세요.' 나는 불안한 마음에 발을 동동거리며 하나님께 기도드렸다. 창문으로 내다보니 시커먼 연기가 피어올랐고, 소방차의 긴급한 사이렌 소리가 멈출 줄을 몰랐다. 그러더니 갑자기 "뻥!" 하는 소리가 들려왔다. 나는 깜짝 놀라 두 눈이 휘둥그레졌다. 공장에서 가스통이 터지는 소리였다. 빨갛고 시커먼 불길이 치솟았고, 나는 돌이 된 듯 온몸이 굳어 한 발짝도 움직일 수 없었다.

화재 현장이 마치 영화 속의 한 장면처럼 보이면서 실감이 나지 않았다. 무엇부터 어떻게 해야 할지 갈팡질팡하는 사이 연이어 사나운 불길은 급속도로 번지고 있었다. 자칫하면 교회까지 화마가 덮칠 것 같았다. 엄습해 오는 공포감에 나는 손과 발이 바들바들 떨렸다. 그때였다. 빈민촌 청년들이 내가 있는 4층으로 뛰어올라오더니 모든 책상을 한쪽으로 몰고 바닥에 물을 뿌리기 시작했다.

"선생님, 얼른 안전한 곳으로 대피하세요. 얼른요!"

급박하게 돌아가는 상황을 보는 나는 순간 머릿속이 하얘졌다. 간신히 방으로 들어가 여권과 노트북과 사진기를 주섬주섬 챙겨 가방에 넣었다. 다리 힘이 쭉 풀리면서 그 자리에 주저앉고 말았다. 6년이라는 세월이 주마등처럼 스쳐 지나갔다.

'하나님, 지금껏 빈민촌 아이들과 청년들을 위해 열심히 살았는

데 왜 또 이런 시련을 주시는 건가요? 교회가 불에 타 버리면 우리는 어떡해야 하나요?'

내가 바닥에 앉아 목 놓아 울고 있는데, 어느새 아이들과 청년들이 내 방으로 몰려와서 나를 둘러싸고 앉아 울며 기도했다. 몇 명 아이들이 기절하는 돌발 상황이 발생하자 보살피는 나도 어찌할 줄 몰랐다. 순식간에 위기상황이 발생한 것이다.

"하나님, 선생님은 한국에서 이곳까지 와서 우리를 가르쳐 주신 고마운 분이에요. 제발 선생님과 우리 교회를 안전하게 지켜 주세요."

몇몇 아이들은 매캐한 가스 때문인지 콜록거렸다. 그런데도 내가 걱정이 되어 여기까지 찾아온 것이었다. 자신의 목숨만큼 나를 소중히 여기는 빈민촌의 아이들과 청년들이 눈물 나도록 고마웠다. 나는 교회에서 죽더라도 아이들과 청년들과 끝까지 함께하리라 마음먹었다. 이 소중한 양 떼들을 지키는 것이 나의 소명이라는 생각을 하면서 말이다.

금방이라도 우리 교회를 덮칠 것 같던 위험한 불길이 강한 바람으로 인해 방향이 바뀌어 하늘로 뻗어 올라갔다. 순간 하나님께서 교회를 보호하고 계심을 느낄 수 있었다. 나는 아이들과 청년들 한 명 한 명을 안아주고 기도하며 용기를 북돋워 주었다.

"분명히 하나님께서 우리를 안전하게 인도하실 거야. 이 교회도 하나님이 지켜 주실 거야."

아이들을 다독이다 보니 없던 기운이 온몸에서 불끈 솟고 마음이 평안해졌다. 나는 침착함을 되찾고는 아이들과 청년들을 이끌고 교회 밖으로 나왔다.

마을은 그야말로 아수라장이었다. 불길은 더욱 거세지고 모든 것을 삼켜 버릴 것만 같았다. 소방차가 와서 물을 뿌리며 진압하는 것 같았지만 불길은 비웃기라도 하는 듯 더욱 활활 타올랐다. 소방 시설이 열악하고 소방 기술과 대형 화재에 대처하는 경험이 부족한 탓이었다. 프놈펜 시내에 있는 모든 소방 도구라는 도구는 다 꺼내와 불길을 잡으려 애썼지만 역부족이었다.

연이어 폭발음이 나자 마을 주민들이 짐을 싸서 머리에 이고 대피하기 시작했다. 너무나 당황하여 자전거와 오토바이로 황급히 대피하는 사람들을 보면서 안타까움에 눈물이 주르륵 흘렀다. '아, 가난해도 열심히 사는 착한 사람들인데. 그들의 귀한 보금자리가 순식간에 잿더미가 되다니.'

불을 진압하다 지친 소방관들은 마을 사람들에게 더 이상 불을 진압할 수 없으니 대피하라고 했다. 경찰들도 주민들에게 빨리 피신을 하라고 하며 대피 명령을 내렸다. 워낙 대형 화재라 인근에 있는 주유소와 판잣집에 불이 옮겨 붙으면 말 그대로 마을 전체가 불바다가 되어 초토화 될 수도 있는 상황이었다. 빈민촌 앞의 큰길은 마치 전쟁터의 피난민과 같은 긴 행렬로 발 디딜 틈이 없었다.

줄줄이 이어지는 사람들의 피난 행렬에 도로는 완전히 마비가 되었다. 나중에 알게 된 사실인데, 이날 일어난 화재는 캄보디아 역사상 가장 큰 화재였고, 4천 명의 사람들을 하루 만에 실직자로 만들어 버린 초대형 화재였다.

  마을 주민들은 서둘러 몸만 피신하느라 갖은 살림살이들은 갖고 가지 못하고 일단 교회에 맡겼다. 우리는 그 일을 도우며 짐을 부지런히 나르고 사람들을 안심시켰다. 다행히 15시간 후부터 서서히 불길이 잡히기 시작했다. 약해지는 불을 보며 나는 빈민촌 제자들과 함께 찬양을 불렀다.

"내일 일은 난 몰라요 하루하루 살아요.
불행이나 요행함도 내 뜻대로 못해요.
험한 이 길 가도 가도 끝은 없고 곤해요.
주님 예수 팔 내미사 내 손 잡아주소서.

내일 일은 난 몰라요 장래일도 몰라요.
아버지여, 날 붙드사 평탄한 길 주옵소서.
만왕의 왕 예수께서 이 세상에 오셔서.
만백성을 구속하니 참 구주가 되시네.
순교자의 본을 받아 나의 믿음 지키고,

순교자의 신앙 따라 이 복음을 전하세.

불과 같은 성령이여, 내 맘에 항상 계셔
천국 가는 그날까지 주여, 지켜 주옵소서."

얼마나 시간이 흘렀을 까. 피난 갔던 사람들이 교회로 하나둘 다시 모였다. 우리는 함께 찬양을 드리며 기도를 올렸다. 사람들을 지켜 주시고, 이렇게 다시 만나게  해주신 하나님께 감사드렸다. 그렇게 밤 12시까지 찬양하고 기도하며 우리는 함께 위로를 했다.

잠시 엄청난 화마로 인해 두려움에 떨고 눈앞이 캄캄했지만 하나님은 소중한 빈민촌 아이들과 청년들을 통해 다시금 사랑을 확인시켜 주셨다. 내가 혼자가 아님을, 나를 사랑하는 이들이 있음을, 또 내가 사랑하고 지켜야 할 소중한 사람들이 있다는 것을 이번 초대형 화재를 통하여 알게 하셨다.

7. 하나님, 우리를 지켜 주세요

Chapter. 2

마을을 지킨 빈민촌 교회

화재가 일어난 후 교회가 마을에서 인정을 받게 되었다. 이유는 교회 청년들이 화재의 위험에 처했던 성도들의 살림살이를 옮겨 주었을 뿐만 아니라 믿지 않는 사람들의 안전도 신경 써 주고 물건들을 챙겨 주었기 때문이다. 교회에 맡겨진 빈민촌 사람들의 재산목록 1호는 선풍기였고, 2호는 작은 텔레비전, 3호는 먹을거리를 담아 놓는 아이스박스였다. 그 소중한 물건들을 주민들이 가장 믿을 만하다고 생각한 교회에 맡겼다.

주민들이 더 놀란 것은 교회 청년들이 어려운 상황 속에서도 교회를 떠나지 않고 이웃을 도왔다는 사실이었다. 동네 이장님도 찾아와 교회가 좋은 일을 했다며 고마워했다. 사람들이 피난 간 사이 빈 집에 도둑이 드는 상황이 자꾸 발생하는 가운데 우리 교회 청년들이 이웃을 돕고 어려운 때를 함께하여 그야말로 마을의 거룩한 영웅이 되었다. 예전에는 가난하고 못 배우고 외국 신을 믿는다고 무시당한 청년들이었는데, 어려운 고난 가운데 생명의 위험을 무릅쓰고 헌신적으로 이웃을 도와주며 예수님의 사랑을 실천한 교회 청년들을 보고 감동 받은 것이다. 더욱더 감사한 것은 그렇게도 교회를 싫어하고 성도들을 미워하던 마을 사람들이 이제는 지극히 위험한 상황 속에서 자신들을 도와 준 교회 청년들을 위해 성의껏 음식을 대접하고 싶다고 했다.

사랑이 사람들의 마음을 변화시키고 헌신과 봉사가 강퍅한 동네 사람들에게 선한 영향력을 끼치는 것을 보았다. 핵무기가 세상을 변화시키는 것이 아니고 대량 살상이 가능한 기발한 무기가 세상에 영향을 끼치는 것이 아니라 조그마한 헌신과 작은 봉사와 사랑이 세상을 변화시키는 것을 보았다.

위기와 고난을 통해 하나님께서는 빈민촌 마을에서 교회의 위상을 높여 주셨다. 마을 이장님뿐만 아니라 온 마을 사람들이 교회에 대한 적대적인 감정을 누그러뜨리고 교회의 존재를 인정하며 좋은 곳이라는 생각을 하게 만드셨다.

큰 어려움을 통해 교회 청년들은 더욱 신실한 주님의 일꾼으로

세워지게 되었다. 그들이 너무 자랑스럽고 대견할 뿐이다. 끝까지 교회를 떠나지 않고 사람들을 보살핀 빈민촌 청년들과 아이들이 있었기에 지금의 내가 존재하지 않나 싶다. '이 아이들과 청년들을 더 사랑하고 더 잘 가르쳐야지' 라는 생각이 더 깊이 들었다.

하나님을 향한 믿음이 있었기에 우리 모두 의연하게 대처할 수 있었다. 하나님이 지켜 주신다는 확신이 최후까지 교회를 떠나지 않고 양 떼들을 지킬 수 있게 한 것이다. 만약 우리가 먼저 마을을 떠나 대피하고 자기 몸만 챙겼다면 교회 안의 물품은 모두 도난당했을 것이며, 교회에 대한 신뢰는 땅에 떨어졌을 것이다. 또한 하나님을 믿는 사람들이 먼저 정신없이 피난을 갔더라면 마을의 웃음거리가 됐을지도 모른다. 아무튼 무사히 교회를 지켜 주시고, 불길을 잡아 인명 피해 없이 지켜 주신 하나님께 감사드린다.

Chapter. 3

유리병 투척 사건

"쨍그랑!"

어느 날 굉음이 울리며 유리병이 깨지는 소리가 들렸다. 모두들 소스라치게 놀라 소리가 난 곳으로 달려갔다. 기숙사 학생들이 빨래를 하는 곳이었는데, 유리병 조각이 산산이 부서져 있었다. 누군가 교회를 향해 빈 술병을 던진 것이다. 다행히 아이들과 청년들이 다치지 않아 안도의 한숨을 내쉬었다. 누구라도 그 병에 맞았다면 큰 사고가 날 뻔했다고 생각하니 아찔했다.

며칠 뒤 또다시 빈 술병이 교회로 날아와 산산조각이 났다. 같은 시간에 같은 방법으로 교회를 공격한 것이어서 동일 인물이라 짐작했다. 처음에는 술에 취한 누군가가 술김에 던졌다고 생각했는데, 두 번 이 일을 겪고 나니 의도적인 공격이라는 생각이 들었다. 그러자 갑자기 두려움이 엄습하면서 나도 모르게 눈물이 흘러내렸다. 공의로운 하나님의 말씀을 전하면서 가난한 아이들과 청년들을 말씀으로 양육하는데 이렇게 핍박을 받을 때는 모든 것을 포기하고 싶을 때가 한두 번이 아니었다. 도대체 왜 이럴까. 우리는 그들에게 단 한 번도 싫은 소리를 하지 않았는데, 오히려 도와주고 구호물자를 나누어 주는데, 더 이상 어떻게 해야 한다는 말인가?

이런 것이 바로 핍박이구나 싶었다. 핍박이 멈추지 않고 지속되자 '핍박'이라는 두 글자가 머릿속에서 지워지지 않고 계속 떠올랐다. 빈민촌 마을이 더 이상 예전의 소박하고 다정한 마을로 보이지 않았다.

'연이어 술병을 던진 사람이 외국인인 나를 대상으로 이러는 것일까? 아니면 교회를 대상으로 이러는 것일까?'

나는 어떤 이유로 이런 일이 벌어졌는지 생각하고 또 생각했다. 경찰에게 신고해 범인을 잡아 달라고 하기도 어려운 상황이었고 언제 또 빈 술병의 습격이 있을지 몰라 조심하면서 매일 밤 청년들과 기도를 드렸다. "하나님, 우리 교회를 지켜 주세요. 아이들이 다치지 않도록 보살펴 주세요."

나는 이 사건을 계기로 빈민촌 마을과 교회의 관계를 다시금 생각하게 되었다. 사실 6년 동안 이곳에서 선교 활동을 하면서 빈민촌 사람들을 품에 안고 사랑으로 정성껏 보살피려고 애썼다. 그런데 아직도 그런 내 마음을 몰라주고 핍박을 가한다고 생각하니 야속한 마음이 들었다. 심지어는 이 마을 사람이 아니라 다른 마을 사람이었으면 하는 바람도 있었다. 하지만 곧 바로 나의 좁은 마음을 회개하고 하나님께 간구했다.

"하나님, 제 마음이 더욱 넓어져 이해하는 마음을 갖게 해주세요. 모든 상황을 품을 수 있는 너그러움을 허락해 주세요."

캄보디아는 불교 국가라 교회에 나오고 싶어도 주변 사람들 눈치나 체면 때문에 못 나오는 사람들이 많다. 더 나아가 전통과 문화를 바꾸기 싫어하는 사람들은 교회를 노골적으로 멀리한다. 독실한 불교 집안의 부모들은 혹여 자녀가 교회 있는 것을 알게 되면 그 즉시 데리고 가 버린다. 교회에서 기독교 절기에 맞추어 행사를 하면 많은 불교 집안 아이들이 호기심 어린 눈빛으로 교회에 오고 싶어 하지만 부모의 완강한 반대로 교회 문 앞에서 서성이다 돌아가기가 일쑤였다. 교회 재정은 그리 넉넉하지 못하여 마을 사람들 전체를 돕는 데는 한계가 있었다. 초창기에는 한국에서의 도움의 손길이 어느 정도 있었지만 시간이 흐르면서 점차 선교지를 향한 구호물자와 후원이 줄어들었기 때문이다.

이런 상황에서 두 세 차례 연이어 빈 술병 투척 사건을 겪은 나는 마을 주민들에 대한 관심과 사랑을 더 많이 베풀어야겠다는 결론에 이르렀다. 교회에 반감을 가진 사람들에 대한 거룩한 반응이라는 생각이 든 것이다. 예수님도 자신을 핍박하는 사람들을 위해 기도하고 마음으로 품으셨으니 우리도 그들을 품어야 하는 것이 마땅했다.

 나는 교회 청년들과 빈민촌 마을을 위해 할 수 있는 것이 무엇일지 함께 기도했다. 그러다가 문득 마을 사람들을 불러 잔치를 열면 어떨까 하는 아이디어가 떠올랐다. 교회에서 다양한 문화 공연도 갖고 맛있는 음식도 나누다 보면 교회를 바라보는 안 좋은 시선들이 조금이라도 누그러질 수 있을 것 같았다.

 우리는 며칠 동안 머리를 맞대고 거룩한 공연 계획을 짰다. 빈민촌 아이들에게 주님의 사랑을 마을 전체에 전하기 위한 이벤트라고 설명해 주니 눈빛이 초롱초롱해지면서 다들 설레는 얼굴이었다. 청년들 역시 구슬땀을 흘리며 공연 프로그램대로 아이들을 지도했다. 그렇게 기쁨과 설렘으로 잔치 준비를 하던 어느 날 또다시 유리병 투척 사건이 일어났다. 이번에는 커다란 간장병이었다. 나는 의연하게 깨진 간장병 조각들을 치우고는 아무 일도 없었다는 듯이 마을 주민 초청 잔치를 준비했다.

 Chapter. 4

마을 초청 잔치

드디어 마을 잔치가 열리는 날 빈민촌의 전 성도가 하나가 되어 음식을 준비하였다. 250명을 예상하고 많은 양의 음식을 요리하기 시작했다. 통닭, 해물탕, 꽃게요리, 돼지껍데기 요리, 돼지갈비, 파파야 야채요리, 코코넛 젤리 등 총 8가지였는데, 이 모든 음식들이 결혼식 때나 먹을 수 있는 캄보디아식 요리였다. 감사하게도 이른 새벽부터 여전도회 어머니들이 나와 팔을 걷어붙이고 도와 주셨다.

음식 준비를 마친 후 여전도회 어머니들은 결혼식 때 입는 가장 깨끗한 옷으로 갈아입고 교회 입구에서 마을 사람들을 하나하나 맞아 주셨다. 이날 교회 잔치에는 교회를 극도로 혐오하는 어른들,

교회에 나오지 않는 아이들과 불량 청년들을 중심으로 초청되었다. 처음에는 굳은 표정으로 마지못해 교회 안으로 들어서던 마을 사람들이 뜻밖의 환대에 웃음꽃이 조금씩 피어올랐다. 교회 성도님들은 주위에 있는 불교도 친구들을 빠짐없이 초대해 교회에 직접 데리고 오기도 했다.

우리 아이들과 청년들은 본 공연에 앞서 리허설을 하며 실수가 없도록 마지막까지 체크했다. 시간이 되어 무대 앞으로 나가 악기합주, 발레, 쿵푸, 태권도, 부채춤 등 다양한 공연을 펼쳤다. 기대도 하지 않았던 마을 주민들은 새롭고 신기한 공연에 눈을 반짝이며 집중했다. 지금까지 아이들이 교회에서 언어, 음악, 태권도, 무용, 미술 등을 열심히 배운 덕분에 가능한 일이었다. 누군가 언제 저렇게 준비했느냐고 물어 보자, 나는 "우리 아이들이 쉬지 않고 날마다 기도로 준비했답니다"라고 자랑스럽게 대답했다.

아이들은 한국무용과 중국무용을 배우면서 그 나라의 문화를 재미있게 익히고 국제적인 감각을 키울 수 있었다. 실제로 한국무용, 중국무용, 캄보디아무용, 베트남무용이 각각 다르다 보니 그 차이점을 익히고 다양한 춤을 배우면서 아이들과 청년들의 생각의 폭이 더 넓어지고 자유로워지는 것을 보았다. 마을에서 가장 소외받고 멸시받던 빈민촌 아이들과 청년들이었지만 이제 그들은 실력 있는 그리스도인의 모습으로 사람들 앞에 당당히 서게 되었다.

우리는 성황리에 문화 공연을 마치고, 지난 15년 동안의 교회 활동을 영상으로 보여 주었다. 첫 시작으로 한국의 가난하고 배고픈 시절과 초창기 한국에 들어온 외국 선교사들의 활동을 사진들이 나왔다. 그런 다음 수많은 이들의 노력 끝에 경제적으로 성장하고 그리스도인들이 교회에서 마음껏 예배드리는 모습을 비교해서 보여 주었다. 동네 주민들이 동영상을 보면서 한국이 저렇게 가난했던 시절이 있었냐며 놀라움을 금치 못했다. 마을 사람들이 한국이 겪은 가난에 깊이 공감하면서 마음을 조금씩 여는 것 같았다. 나는 한국의 발전된 모습과 부흥한 교회의 모습에 감동받은 캄보디아 사람들이 가난과 고통 가운데 희망이 있음을 깨닫기를 간절히 바랐다.

연이어 술병과 간장병 투척 현장을 찍은 사진을 공개하면서 이런 핍박이 계속되더라도 우리는 마을 사람들을 더 사랑하고 항상 기도하겠노라는 메시지를 전했다. 마지막에는 갈보리 언덕에서 십자가를 지신 예수님의 사진을 보여 주면서 우리 때문에 고통당하신 예수 그리스도의 사랑을 전파했다.

우리가 준비한 영상이 끝나고 마을 이장님이 나와 사람들을 향해 말씀하셨다.

"여러분, 이렇게 우리 마을에 교회가 있어서 조금씩 환경이 좋게 변하고 우리 아이들이 공부할 수 있게 되었습니다. 모두들 마음을 열고 사랑하는 우리 자녀들을 교회에 보냅시다. 저는 이 교회가 우리 마을에 있다는 것이 한없이 자랑스럽습니다."

 이장님의 말씀에 나는 소리 없이 눈물을 흘렸다. 때때로 내 마음속에서 고개를 들었던 두려움과 서운함들이 눈 녹듯 사라지고 교회를 반대하는 사람들의 핍박도 얼마든지 견뎌 낼 수 있는 용기가 생겼다.

 우리는 정성스럽게 준비한 음식들을 마을 사람들과 함께했다. 역시 음식을 함께 나누며 이야기를 하다 보니 굳게 닫혔던 마음의 빗장이 스르르 열리는 듯했다. 기쁘고 즐거운 마음으로 식사를 하는 마을 주민들을 보며 나는 행복한 미소를 지었다.

 어느덧 돌아갈 시간이 되자 마을 주민들 한 사람 한 사람이 악수를 청하며 고맙다고 인사를 건넸다. 그동안 교회에 대한 불만과 섭섭함이 많았었는데, 교회가 마련해 준 잔치를 통해 따뜻함과 평온함을 느꼈다며 다들 행복해했다.

 날마다 이렇게 마을 주민들을 행복하게 할 수 있는 일들이 일어나면 얼마나 좋을까. 비록 짧은 시간이었지만 예수 그리스도의 사랑을 충분히 전한 귀한 시간이었다. 아직까지 유리병을 던진 이가 누군지는 밝혀지지 않았지만 그분 덕분에 마을 사람들과 가까워지고 하나 되는 시간을 마련할 수 있었기에 오히려 감사한 마음이다.

 이번 일을 통해 나는 복음을 듣지 못하도록 마음 문을 닫게 만드는 것은 무관심이라는 사실을 깨달았다. 후원이 부족하고 재정이 어렵다는 것은 핑계에 지나지 않았다. 믿지 않는 이들의 마음을 여는 것은 따뜻한 관심과 마음의 표현이었다. 나는 오늘도 핍박하는 사람을 용서하고 더 큰 사랑으로 품으시던 예수님을 떠올리며 나의 부족한 사랑을 뉘우친다.

이제는 어떤 병이 날아와도 두려워하거나 도망치지 않을 것이다. 오히려 한걸음 더 가까이 다가가 그들의 손을 잡아주고 마음 문을 열어 복음의 씨앗을 심어 주리라. 사랑 받는 사람은 기쁘고 사랑을 베푸는 사람이 보람을 느끼는 것을 보고 더욱더 사랑해 주리라 다짐한다.

메콩강
빈민촌의
물새선생님
2

8. 복음 전도자로 거듭니다

트럭 위의 아이들 / 베트남 마을 선교 여행 /
캄보디아에서 피어난 사랑 / 예수님은 역전의 명수

 Chapter. 1

트럭 위의 아이들

어느 날 나는 빈민촌 아이들과 청년들, 그리고 중국어 예배팀을 데리고 베트남 마을로 선교여행을 떠나기로 했다. 이제 우리 아이들도 좀 더 밖으로 뻗어나가 복음을 전할 때가 되었다고 생각했기 때문이다. 나의 삶을 변화시킨 선교여행이 이 아이들에게도 소중한 경험과 기억이 되기를 바랐다.

재정적으로 넉넉하지 못한 형편이라 하루 일정으로 선교여행 코스를 잡았다. 새벽 5시에 출발하여 오후 3시에 돌아오는 일정이었다. 빈민촌 아이들과 청년들, 그리고 화교 아이들이 모두 하나가 되어 처음으로 선교여행을 준비했다. 빈민촌 마을에 교회가 세워진 지 16년 만의 일이었다. 우리는 한국 선교팀에게서 배운 대로 하나하나 차근차근 준비해 나갔다. 우리는 중국어 예배팀이 1년 동안 모은 헌금인 15만 원으로 베트남 아이들을 위해 노트, 연필, 지우개 등 여러 가지 선물을 샀다. 집에서 각자 입지 않는 헌 옷을 가져 오기도 했다. 가난한 아이들이 자신들보다 더 가난한 아이들을 위해 정성을 다한 것이다. 가난하게 사는 사람들은 가난이 얼마나 큰 아픔이고 무서운 상처인지 알고 있기 때문이리라.

아이들이 선교지에서 선보일 찬양과 워십댄스, 드라마, 태권도, 발레도 열심히 연습했다. 아이들은 날마다 땀방울을 흘려가며 연습하면서 베트남 사람들이 주님 품으로 돌아오기를 기도하였다. 처음으로 가는 선교여행이라고, 여전도회에서 라면과 과일, 간식, 옷, 그 외 생활물품들을 후원해 주었다. 시작은 미약했지만 하나님께서 빈민촌 모든 성도들을 하나가 되게 하셨다는 생각에 가슴이 벅차올랐다. 한국을 위해 헌신했던 외국 선교사들의 희생을 통해 지금은 선교사 파송 2위 국가로 올라선 한국처럼 머지않아 캄보디아도 주님의 나라를 위해 선교사를 파송시키는 역사가 일어날 것이라고 믿는다. 이것이 하나님께서 보여 주시는 거룩하고 선한 영향력이 아닐까?

　만반의 준비를 마치고 드디어 선교여행을 떠나기 전날 밤. 아이들은 두근거리는 마음 때문에 잠을 제대로 못 이루는 것 같았다. 모두들 1차 선교여행에 대한 기대와 설렘으로 밤새 뒤척였다.
　어느덧 시계가 새벽 4시를 가리키고 있었다. 나는 일어나자마자 하나님께 모든 일정을 맡긴다는 기도를 올렸다. 빈민촌 교회가 처음 만든 작은 선교팀이지만 하나님이 함께하셔서 큰 역사를 이루실 것이라 굳게 믿었다. 빈민촌 아이들과 청년들도 모두 일어났는지 경쾌한 함박웃음소리가 들렸다. 나는 서둘러 준비하고 아래층으로 내려갔다. 선교팀 아이들과 청년들은 한 명도 빠짐없이 모든 준비를 끝내고 나를 기다리고 있었다. 마스크에 모자까지 쓴 그들의 모습이 마치 주님의 거룩한 게릴라 부대 같았다. 마스크 위에서는 두 눈이 초롱초롱하게 빛나고 있었다. 선교여행을 간다고 하니 모두들 씩씩한 모습으로 줄 맞추어 서 있었다. 떠나기 전에 우리는 두 손 모아 기도를 드렸다. 주님께서 모든 일정에 함께해 주시고 안전하게 다녀올 수 있도록……

교회 밖에는 빈민촌 아이들이 타고 갈 버스와 청년들이 타고 갈 트럭이 대기하고 있었다. 청년들은 한국 선생님들이 트럭을 타고 선교지를 방문하는 모습을 보고 본인들도 트럭을 타겠다고 자청하고 나섰기에 트럭을 준비한 것이었다. 자, 이제 베트남 희망교회로 출발이다!

버스를 타고 몇 십 분 달려가는데, 예상했던 대로 빈민촌 아이들이 멀미를 하기 시작했다. 거의 대부분이 차를 처음 탄 아이들이었던 것이다. 다행히 5명 정도만 멀미를 하고 나머지 아이들은 괜찮았다. 차를 타본 적이 없어서 하얗게 질린 얼굴로 멀미를 하는 아이들을 애처롭게 바라보았다. "집으로 돌아갈래?"라고 물으니 고개를 세차게 가로저으며 함께 가겠다고 한다. 어디에서 이토록 강한 선교의 소망과 기대가 뿜어져 나오는 것일까. 나는 아이들의 굳센 의지에 사뭇 놀라고 말았다. 나는 아이들의 멀미를 조금이나마 쫓아내 주기 위해 찬양을 시작했다. 즐겁게 찬양하며 기뻐하는 아이들의 얼굴이 설렘으로 가득 차올랐다.

Chapter. 2

베트남 마을 선교 여행

우리는 먼저 지교회인 새영광교회부터 들렀다. 새영광교회에서 사역하고 있는 장성기, 유정화 선생님들의 도움이 있어야 베트남 마을에 들어갈 수 있기 때문이었다. 부부인 두 분은 아무도 가지 않는 베트남 마을에 오토바이를 타고 들어가 사역하고 계셨다. 두 분의 눈물어린 기도와 정성으로 새영광교회 인근에 있는 베트남 마을에 올해 베트남 희망교회가 건축되었다.

두 분 선생님은 캄보디아에서 사역한 지 7년째였고, 귀여운 아들 지호까지 단란한 세 식구를 이루고 있었다. 캄보디아와 베트남 아이들과 청년들 때문에 떠날 수 없어 두 분이 결혼한 아름답고도 거룩한 러브 스토리가 있다. 신혼부부일 때 유산도 두 번 하고 사역비가 없어 많은 고생을 하셨지만 포기하지 않고 끝까지 캄보디아와 베트남 아이들을 보살피고 있는 위대한 선생님들이다.

선교지에서 사역자로, 아내로, 엄마로 모든 것을 감당하고 있는 정화 선생님을 볼 때면 존경심에 우러러 보게 된다. 그래서 조금이나마 도움이 되고자 가끔씩 지호를 돌보는 일을 하는데, 그 덕분에 나는 정겨운 이모 소리를 듣게 되었다. 지호는 이제 우리 선교지의 가장 최연소 선교사가 되었다. 무럭무럭 자라는 지호를 볼 때마다 내 마음이 다 뿌듯하다.

우리 선교팀은 새영광교회 리더들과 기도회를 한 후 다시 트럭을 타고 베트남 마을을 향해 달렸다. 아이들은 트럭 위에서 환호성을 지르며 신 나게 찬양을 했다. 다들 들뜬 마음에 마스크도 하지 않고 흙먼지를 고스란히 마시며 지나가는 사람들을 향해 손을 흔들었다. 드디어 베트남 마을에 도착했을 때, 마을 사람들이 모두 놀란 눈으로 우리를 쳐다보았다.

우리는 마을 곳곳을 돌며 준비해 간 종이로 만든 꽃목걸이를 사람들에게 하나씩 걸어 주었다. 캄보디아 사람들의 뜻밖의 방문에 베트남 주민들은 어리둥절한 기색이 역력했다. 마을을 돌며 베트남 희망교회로 들어갔을 때 베트남의 예쁘고 귀여운 아이들이 빈민촌 아이들과 청년들을 뜨겁게 환영해 주었다.

우리 교회에는 이곳 베트남 마을에서 살던 두 자매가 있다. 그 자매를 프놈펜으로 데려와 공부시키고 있는데, 베트남의 장래를 책임질 것이라는 의미로 이름을 미래와 내일이라고 지어 주었다. 미래와 내일 자매의 집은 생각보다 비참할 정도로 가난했다. 처참하게 가난하다는 말이 어떤 의미인지 실감했다. 자매의 집을 방문한 선교팀은 그저 아무 말도 할 수 없었다. 지금 캄보디아 빈민촌도 가난하고 어렵지만 그나마 수도 프놈펜에 위치해 있고, 교회 기숙사도 깨끗하고 공부할 수 있는 좋은 환경을 갖추고 있어 이곳 베트남 마을에 비하면 천국이나 다름없었다. 이렇게 또 한 번 우리는 우리가 처한 환경에 감사해야 한다는 교훈을 배웠다.

마을 사람들을 불러 모아 함께 찬양하며 서로를 격려하는 시간을 가졌다. 모두들 주님 안에서 하나가 되는 즐거운 시간이었다. 중국어 예배팀이 나와 본격적인 예배 인도를 하였고 베트남 아이들도 함께 예배를 드리며 집중하는 모습을 보였다. 감사하게도 베트남 아이들도 캄보디아어를 알아들을 수 있어 프로그램을 진행하는 데 어려움이 없었다. 예배드리고 찬양하고 기도하는 가운데 언어가 다르고 피부색이 다르고 민족이 다르다는 사실을 까맣게 잊어버렸다. 그것들은 교회 안에서 전혀 걸림돌이 되지 않았다.

빈민촌 아이들과 청년들이 베트남 아이들을 끌어안고 기도하며 찬양하는 모습에 나도 모르게 눈물이 흘러내렸다. 협력하여 선을 이루게 하시는 주님의 은혜에 감격할 수밖에 없었다. 베트남 아이들은 캄보디아 빈민촌 아이들과 청년들이 펼치는 율동, 악기 연주, 드라마 공연에서 한시도 눈을 떼지 못했다. 그날따라 우리 빈민촌 아이들이 유난히 커 보였다. 평소에 교회에서 봤을 때는 키도 작고 말라서 안쓰러웠는데, 베트남 아이들 틈에 있으니 훨씬 건강하고 활기차 보인 것이다.

베트남 아이들과 더 가깝게 교제하는 시간도 가졌다. 한쪽에서는 게임을 하고, 다른 한쪽에서는 태권도를 가르치며 사역에 임했다. 처음에 수줍어하며 쭈뼛대던 베트남 아이들이 다양한 레크리에이션이 진행되면서 점차 마음의 문을 열었다. 시간이 흐르자 열

기는 뜨거워졌고, 누가 캄보디아 아이이고 누가 베트남 아이인지 구분이 안 될 정도로 하나가 되었다. 모든 레크리에이션을 마치고 기도회로 마무리를 하였다. 서로가 부둥켜안고 기도하며 언젠가 다시 만나기를 소망했다.

아이들은 시간이 너무 빨리 갔다며 아쉬워했다. 어떤 아이들은 눈물을 글썽이며 이제 집으로 가야 한다는 사실에 마음 아파했다. 우리 빈민촌 아이들이 이 정도로 성숙하고 믿음이 두터워졌구나 싶었다. 사랑을 받은 이 아이들이 이제 사랑을 베풀고 나누어주는 아이들로 성장한 사실이 너무나 자랑스러웠다.

나 또한 떠나면서 눈물이 주르륵 흘렀다. '언제 또 베트남 마을을 찾을 수 있을까? 우리를 떠나보내는 베트남 아이들의 마음은 어떨까?' 하는 생각에 마음이 복잡했다. 우리 빈민촌 아이들도 한때 가난 때문에 삶의 목적도 소망도 없이 방황하며 살았다. 이제는 예수님을 믿고 변화되어 긍정적인 자세를 갖게 되었고 지금은 어엿하게 베트남 사람들에게 복음을 전하는 거룩한 도구로 쓰임 받고 있다. 이 얼마나 감사한 일인가! 떠나는 아쉬움을 뒤로 한 채 나는 베트남 마을에도 우리 아이들이 경험한 기적과 은혜가 임할 것이라는 소망을 품었다.

베트남 희망교회에 다녀온 뒤로 우리는 함께 기도하고 찬양했던 베트남 아이들을 위해 잊지 않고 기도하고 있다. 다음 2차 선교여행을 계획하며 매일매일 뜨겁게 찬양하고 기도하며 준비하고 있다. 여전도회에서도 2차 선교여행 때에는 동행하겠다고 나섰다. 이처럼 선교여행은 우리를 하나로 만들어 주었고, 선교를 통해 우리가 더 많은 기쁨과 은혜를 받게 됨을 깨달았다. 이웃을 사랑하는 가장 위대한 사랑은 복음을 전하는 선교라는 사실을 모두가 느낀 소중한 시간들이었다.

베트남 아이들과 빈민촌 성도들 모두가 하나 될 수 있도록 교회를 세워 주신 하나님과 한국에 있는 성도들에게 감사드린다. 교회가 있어야 하는 이유를 우리는 몸소 체험했다. 베트남 오지 마을에서도, 캄보디아 빈민촌 마을에서도 하나 된 마음으로 예배드릴 수 있도록 허락된 처소가 바로 교회였다. 교회 안에서 받게 되는 하나님의 사랑은 나눌수록 더해지고 곱해진다. 하나님의 축복을 전하기 위해 우리는 오늘도 기도하며 다음 선교여행을 준비할 것이다.

 Chapter. 3

캄보디아에서 피어난 사랑

함께 사역하는 선생님들 중에 늘 친절하고 다정하며 웃는 얼굴로 사람들을 대하는 인범 선생님이라는 분이 있다. 나보다 먼저 캄보디아에 와서 사역하고 있는데 벌써 8년째로 접어들고 있다. 그 착하고 부지런하고 신실한 인범 선생님에게 단 한 가지 안타까운 점이 있었으니, 그것은 바로 결혼을 하지 못한 노총각이라는 것이었다. 나이가 30대 중반에 이르자 여기저기서 결혼하라고 압력을 주었지만 인범 선생님은 그다지 결혼에 관심이 없는 것 같았다.

그러던 어느 날 인범 선생님이 자꾸 사랑의교회에 가서 예배를 드리는 것을 알았다. 평상시보다 훨씬 더 자주 갔지만 모두들 지혜 선생님을 도와주러 가는 줄 알고 별다른 의심을 하지 않았다. 그런데 인범 선생님이 나에게 와서 고백을 하는 것이었다.

"연희 선생님, 저 사실 캄보디아 자매인 보나 자매를 좋아하게 되었어요. 저 좀 도와주세요."

이야기를 들어보니 보나 자매는 아직 고등학생이었다. 그런데다 인범 선생님은 이성교제라고는 한 번도 해보지 않았기에 자매의 마음을 어떻게 움직여야 할지 매우 난감해했다. 아무리 만남을 가져 보려 해도 성사가 되지 않자 급기야 나에게 도움을 요청하게 된 것이다.

"인범 선생님은 왜 보나 자매를 좋아하세요?"

"캄보디아에서 8년을 지내다 보니 캄보디아를 너무나 사랑하게 되었어요. 이젠 여기를 떠날 수 없을 것 같아요. 그래서 결혼도 캄보디아 자매랑 하기로 결심했지요. 오랫동안 혼자서 기도해 왔는데, 보나 자매가 제 마음속으로 들어오게 된 거예요."

애틋한 인범 선생님의 이야기를 들은 나는 자매의 입장에서 어떤 부담이 있을지에 대해 조곤조곤 말해 주었다. 자매의 마음이 열릴 때까지 너무 서둘지 말고 차분하게 기다리라고 했다. 인범 선생님은 빨리 결혼하고 싶은 마음이 굴뚝같았지만 보나 자매가 고등학교를 졸업할 때까지 기다리기로 했다. 그 이후 인범 선생님은 일주일에 몇 번씩 사랑의교회로 가서 보나 자매를 만났다. 보나 자매는 사랑의교회의 지혜 선생님이 지도한 제자여서 그런지 영적으로 신실하게 잘 자란 자매였다. 보나 자매가 학교를 졸업하고 드디어 인범 선생님의 구애 작전이 성공하여 결혼에 골인하게 되었다.

결혼식은 서울에서 치르기로 하여 우리는 보나 자매와 함께 오랜만에 한국으로 들어왔다. 결혼식은 일사천리로 진행되었고, 결혼하는 당사자들보다 옆에서 지켜보며 돕는 우리가 더 가슴이 설레고 떨렸다. 인범 선생님과 보나 자매의 결혼이 마치 한국과 캄보디아가 복음 안에서 하나가 되는 듯한 느낌이 들어 그 의미가 더 남다르게 다가왔다.

우리는 그렇게 서울에서 결혼식 준비로 바쁘게 보내고 있었다.

Chapter. 4

예수님은 역전의 명수

　서울에서 인범 선생님과 보나 자매의 결혼식을 준비하는 동안 나는 개인적으로 알고 있는 장로님이 삼성병원에서 암수술을 받고 입원중이시라는 소식을 듣고 심방을 갔다. 캄보디아 선교팀과 보나 자매도 동행하였다. 우리는 암 병동에 가서 찬양을 하며 장로님을 위로해 드렸다. 그런데 암 투병으로 기운이 없으신 장로님이 우리에게 특별한 부탁을 하셨다.

　"사실 제 옆에 암수술을 받기 위해 대기 중인 환자분이 있어요. 이분을 위해 기도를 좀 해주세요."

　우리는 수술을 기다리고 있는 그분께로 향했다. 그 환자분은 담당 의사선생님이 수술을 해도 거의 생존 가망성이 없다고 진단을 내린 분이었다. 마지막 순간을 준비하라는 의사의 말에 가족들의 얼굴이 모두 무겁고 침통해 보였다. 교회에 다니지 않는 분들이어서 우리는 조심스럽게 다가가 인사를 드렸다.

"우리 일행은 모두 캄보디아에서 살고 있는 선교사들입니다. 선교사라는 말을 들어 보셨는지요? 선교사는 온 우주를 창조하신 하나님을 믿고 세상 죄를 짊어지고 십자가에 돌아가신 구세주 예수님을 전하는 사람입니다. 오늘 하나님의 인도하심으로 이렇게 만나게 되어 기쁩니다."

부산에서 오신 아저씨는 암수술을 앞두고 상당히 초조한 표정이었지만 우리를 반가운 미소로 맞아 주었다. 찬양을 부르고 함께 기도하면서 반드시 완쾌될 것이라고 이야기했다. 그리고 완쾌를 위해 하나님께 간절히 기도하시라고 권면해 드렸다.

"예수님은 역전의 명수이십니다. 죽음을 삶으로 바꾼 분이 예수님이기에 아저씨께서 진심으로 예수님을 믿고 암을 고쳐 주시리라 기도하면 완치될 것입니다. 예수님은 패배를 승리로 바꾸시고 실패를 성공으로 바꾸시고 슬픔을 기쁨으로 바꾸어 주시고 암도 고쳐 주시는 못 고치는 병이 없으시는 완벽한 의사이십니다. 아무리 의사가 가능성이 없다고 해도 완벽한 의사 선생님이신 예수님이 고쳐 주시면 암도 완치가 됩니다. 어떠한 어려움이 폭풍우처럼 닥

쳐와도 예수님을 붙잡으십시오. 완벽한 최고의 의사 선생님이신 예수님께 모든 걸 맡기십시오."

　우리 일행과 함께 하신 목사님이 간단히 말씀을 전하며 용기를 북돋워 주었다. 간호하는 부인과 아저씨의 손을 잡고 보나 자매가 대표로 기도를 했다. 캄보디아 말로 기도하며 눈물을 흘리자 환자 분과 가족들은 무슨 뜻인지는 몰랐지만 마음은 한결 편안해진 듯 보였다. 기도를 마치고 가지고 선물로 『메콩강 빈민촌의 물새 선생님』을 드리면서 꼭 읽어 보시라고 했다. 잿빛 같은 아저씨의 얼굴에 화색이 돌면서 서광이 비추는 듯했다. 헤어질 때는 아픈 몸으로 엘리베이터 앞까지 배웅해 주었다.

　며칠 후 다시 병원을 찾았더니 아저씨가 선물로 준 책을 다 읽었다면서 어린아이처럼 활짝 웃으며 암이 치료되면 교회에 꼭 나가겠다고 하셨다. 나는 선교하면서 절망 속에 있는 사람이 예수님을 만나 소망을 품고, 부정적인 사람이 예수님을 만나 긍정적으로 변하는 역사를 여러 번 목격했다. 이번에도 아저씨의 얼굴을 보니 하나님의 은혜가 임한 것을 느낄 수 있었다. 너무나 절박한 삭개오가 뽕나무 위로 올라가 예수님을 만났던 것처럼, 의사도 포기한 암 환자 아저씨는 예수님을 만나 이미 변해 있었다.

　예수님을 만난 아저씨는 가족들에게도 교회에 나가자고 권했다. 우리 역시 보나 자매의 결혼 준비로 바쁜 와중에도 몇 번 심방을 가서 아저씨 가족들을 전도했다. 처음에는 부담스러워하며 별다른 마음의 움직임을 볼 수 없었는데, 아저씨가 절망 가운데 희망을 찾고 한결 생기가 넘치게 된 모습을 보면서 서서히 교회에 대한 생각을 달리하게 되었다.

인범 선생님과 보나 자매의 결혼식이 끝나고 우리는 다시 캄보디아로 돌아갔다. 아저씨의 수술을 지켜보지 못한 채 출국을 하게 되어 마음이 걸렸지만, 하나님께서 좋은 길로 인도하시리라 믿고 비행기 안에서 간절히 기도드렸다.

나중에 소식을 전해 들었는데, 부산 아저씨가 암이 완치되어 지금은 아주 건강하시다는 기쁜 소식이었다. 아저씨의 완치는 의사도 놀랄 정도였다. 반가운 마음에 부산에 전화를 했더니 온 가족이 감사한 마음에 모두 교회에 다니게 되었다고 하셨다. 부산 아저씨는 병원에서 하나님을 만나고 그분의 VIP 사랑을 받아 암도 치유되고 온 가족이 구원받는 커다란 선물까지 얻게 되었다고 기뻐하셨다.

하나님의 놀라운 은혜의 역사는 우리가 생각지도 못한 타이밍에 일어나는 것 같다. 하나님의 시간에 모든 것을 맡기는 우리가 되기를 간구한다.

9. 고마운 사람들

어머니의 손길 / 할머니 선교팀 / 나의 첫 책을 꿈꾸다 /
내가 멘토가 되다니…… / 이지성 작가와의 만남

 Chapter. 1

어머니의 손길

처음 캄보디아 빈민촌에 와서 쩔쩔매며 고생한 것이 있다면 언어 배우기와 요리하기였다. 언어는 1년이 지나면서 큰 두려움이 사라졌는데, 요리는 늘 익숙하지 않아 할 때마다 난감했다. 가끔 선교팀이 와서 젊은 자매들이 능숙하게 요리를 하는 모습을 보면 부러워서 어쩔 줄을 몰랐다.

'아, 나도 엄마가 요리할 때 어깨 너머로 배워 두는 거였는데……'

음식을 만드는 게 뭐 그리 어려우냐고 하겠지만, 사실 나에게는 타고난 요리 감각이라는 게 없는지 늘 요리책을 보고 시도해도 전혀 다른 음식이 만들어진다. 먹을 만할 정도로 맛은 있어야 요리할 기분이 나는데, 아무리 노력해도 뜻대로 안 되니 요리 시간이 고문과도 같았다. 어떤 날은 엄마에게 전화를 걸어 캄보디아에 와서 딱 한 달만 계셔 주면 안 되겠냐는 말까지 했다. 물론 농담으로 한 소리였지만, 그만큼 나는 요리를 해결해 줄 우렁각시가 절실히 필요했다.

단기 선교팀으로 부모님 세대들이 오실 때에는 어머님들을 붙들고 음식하는 법을 배우려고 무던히도 애를 썼다. 하지만 요리법이 다 제각각이다 보니 뒤죽박죽 헷갈려서 나만의 레시피를 만드는 데 실패를 하고 말았다.

'아, 요리 솜씨 좋은 어머님 한 분이 오랫동안 캄보디아에 머물러 계시면 얼마나 좋을까?'

나는 불가능한 소망을 가슴에 품고 기도하고 또 기도했다.

그러던 어느 날 뜻하지 않은 연락을 받았다. 한국에 계시는 한 어머님이 딸을 데리고 한 달 동안 이곳에 와서 선교하며 섬기고 싶다는 것이었다. 나는 너무 놀라 대답을 못하고 잠시 멍하니 있었다. 어머님들이 장기간 선교지에 머무는 경우는 흔치 않은데, 이런 기적 같은 일이 나에게 일어나다니. 나는 꿈인지 생시인지 내 뺨을 꼬집어보았다. 아픈 걸 보니 현실이었다. 하나님께서 나의 기도에 응답을 해주신 것이다.

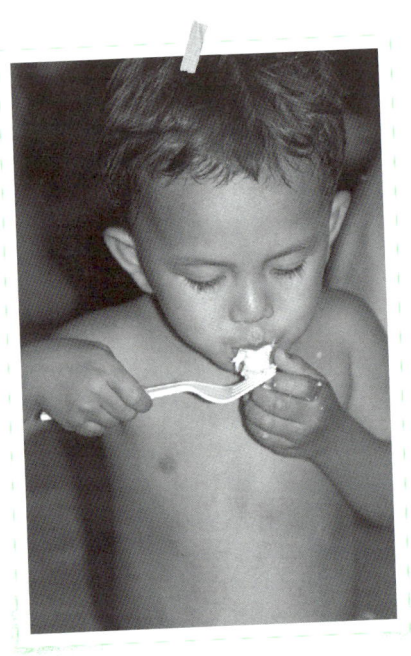

나는 너무나 기쁘고 감사한 일이라며 그분들을 반갑게 맞겠다고 했다. 연락을 주신 어머님은 당연히 요리를 잘하셨다. 게다가 딸은 요리를 전공으로 공부하고 있는 중학교 3학년이었다. 요리하는 것을 워낙 좋아해서 어려서부터 하고 싶은 일을 하라고 딸을 요리 학교에 보냈다는 집사님과 지금 한창 요리 학교에서 요리를 배우고 있는 예현 자매는 나에게 훌륭한 스승이 되어 주었다. 간절히 바라고 또 바라면 하나님께서 결코 외면하지 않으시고 도와주심을 다시 한 번 깨닫는 순간이었다.

집사님과 예현 자매는 다른 지방교회를 방문하여 아이들을 가르치고, 한국 선생님들에게 맛있는 식사도 차려 주었다. 처음에 예현 자매는 열악한 환경 때문에 힘들어하더니 나중에는 적응을 잘하여 캄보디아 아이들과 청년들에게 인기 1순위가 되었다. 맛있는 요리를 선보이며 자신의 달란트를 마음껏 발휘하는 모습이 대견하면서도 부럽기 그지없었다.

　나중에 모녀는 따로 떨어져 사역하게 되었는데, 그때 집사님은 나와 함께 일주일간 지내기로 하셨다. 집사님과 함께 지내면서 나는 마치 한국 우리 집에 있는 듯한 편한 기분이 들었다. 매일 아침 집사님이 부엌에서 또닥또닥 칼질하는 소리가 그렇게 정겨울 수가 없었고, 어머니 품안에 안겨있는 것처럼 마음이 안정되고 포근했다. 요리 잘하시는 어머님을 보내 주신 하나님께 감사드리며, 일주일 내내 집사님의 요리하는 모습을 지켜봤다.

　정말 우리 어머니들의 솜씨는 남다르다. 나는 응용력이 부족하고, 아까운 재료를 활용도 못한 채 버리기가 일쑤인데, 집사님은 생각지도 못한 부분을 요리에 사용하셨다. 요리를 마치고 부엌 정리도 깔끔하게 하셨다. 집사님과 함께 요리하며 칼질하는 법, 냉장고 정리하는 법, 멸치국물 만드는 법 등 그동안 알고 싶었던 요리 팁들을 열심히 배웠다.

　집사님은 특수학교에서 교직생활을 하는 선생님이었다. 날마다 장애인 아이들을 가르치는 일은 많은 인내를 필요로 하는데, 똑같은 말을 되풀이하며 알아들을 때까지 가르치는 일이 참 힘들다고 하셨다. 처음에는 욕심을 갖고 많은 것을 가르치려 했지만, 지금은 눈높이를 낮추고 아이들을 사랑하는 마음으로 보살피는 것에 더 집중한다고 하셨을 때 나는 왈칵 눈물이 났다.

나 또한 어린아이들을 가르치는 선생님인데, 가끔 대화가 안 통하여 답답할 때가 있었고, 내가 원하는 만큼 따라오지 못해 답답해할 때도 있었다. 그 모든 순간들이 머릿속을 스쳐지나가면서 교만했던 나의 마음을 뉘우쳤다. 내가 만약 장애가 있는 학생들을 가르쳤다면 어땠을까? 아마도 인내심이 바닥을 드러내어 포기했을지도 모른다. 그렇게 생각하니 집사님이 너무나 위대해 보였다.

집사님은 나의 빈민촌 제자들을 칭찬해 주며 말씀하셨다.

"젊은 처녀가 이 정도면 살림 잘하는 거예요. 내년에는 몇 개월 같이 있으면서 이것저것 많이 알려주고 싶네요. 내가 꼭 친정엄마가 된 것 같아요."

나는 집사님의 말에 바보처럼 엉엉 울고 말았다. 집사님의 따뜻한 마음과 섬김에 감동을 받은 탓 때문이기도 했지만, 한국에 계시는 엄마에 대한 그리움이 사무쳐서 더 그랬다.

외로운 선교지에서 가장 필요한 것은 사랑과 관심이다. 작은 위로가 나에게는 큰 힘이 될 때가 많다. 집사님의 따뜻한 말 한마디는 나를 늘 따라다니던 외로움과 그리움을 모두 덮어버렸다.

나는 집사님에게 배운 요리 방법들은 잊어버리지 않기 위해 꼼꼼히 메모해 두었다. 아마 그때부터 나의 요리 실력이 조금씩 나아지지 않았나 싶다. 여전히 간이 맞지 않아 고생하지만 그렇게 바라던 어머니의 손길을 옆에서 보고 느꼈기에 요리하는 것이 더 이상 괴롭지 않고 즐겁다.

하루는 요리에 자신감이 붙어서 빈민촌 아이들과 청년들에게 닭도리탕을 해 주었다. 한국식으로 감칠맛 나는 멋진 닭도리탕을 하고 싶었지만 좀 짜게 된 것 같아 마음이 조마조마했다. 다행히도 아이들은 아주 맛있게 먹어 주었다.

하나님께서는 귀한 사람을 선교지로 보내 주셔서 나로 하여금 더 많은 것을 배우게 하신다. 요리까지 배우게 하시는 하나님의 사랑에 감사할 뿐이다. 나의 요리 레시피가 하나씩 늘어갈 때마다 빈민촌 아이들에 대한 사랑과 섬김도 똑같이 늘어가고 더 성숙해지리라 기대해 본다.

 Chapter. 2

할머니 선교팀

경상도 외관에서 선교팀이 왔다. 공항에서 처음 선교팀을 만나는 순간 깜짝 놀랐다. 누가 보아도 깜짝 놀랄 선교팀이었다. 선교팀 구성이 대부분 청년들이거나 집사님들인데 이번 선교팀은 할머니들로 이루어져 있었기 때문이다. 그것도 80살에 가까운 할머니들이 세 분이나 계셨다. 나이가 연로하신 분들이라 선교지 환경에 잘 적응하실 수 있을지 걱정하고 있는데, 할머니 한 분이 짐을 싣고 가기 위해 나온 트럭을 타보고 싶다고 하셨다. 결국 그 할머니는 트럭 위에 올라타고 지방교회로 가면서 캄보디아의 밤하늘에 아름답게 펼쳐지는 별빛을 바라보면서 어린아이처럼 찬양을 하셨다.

할머니들께서는 아이들을 극진한 사랑으로 보살펴 주셨다. 손자 손녀처럼 품어 주고 기도해 주고 안아 주자 캄보디아 아이들이 너무나 좋아했다. 이미 교회에 다니는 아이들은 물론 교회에 다니지 않는 아이들도 교회에 나와 할머니들의 품에 안겼다. 이처럼 한국 할머니들의 사랑은 아름답고 값진 것이었다.

할머니들이 국적을 초월하여 자신의 손주들처럼 사랑하고 아끼자 하나님 나라가 급속히 확장되어 갔다. 할머니들이 한글과 동요를 가르쳐 주고 공기놀이도 하면서 함께 놀아 주자 수많은 아이들이 교회로 파도처럼 몰려왔다. 요즈음 한류 열풍이 전 세계를 뒤흔들고 있는데, 우리 한국 할머니들의 지극한 사랑도 세계적으로 통할 수 있다는 것을 보여 주었다.

하루는 캄보디아의 골목 시장에서 사 온 부추가 있었는데, 할머니들께서 부추로 부침개를 만들어 먹으면 어떻겠냐고 하셨다. 우리는 부추로 열심히 부침개를 부치고, 라면도 끓여서 아이들에게 간식으로 주었다. 의외로 아이들이 너무나 맛있게 먹으며 좋아라 했다. 아이들과 청년들이 행복해하는 모습에 할머니들도 흐뭇해하셨다. 할머니들은 12-13개의 교회를 다니면서 셀 수 없을 만큼 많은 아이들을 사랑해 주셨다. 사랑에 굶주린 아이들을 편견 없이 온 마음으로 따뜻하게 보듬어 주셨다. 할머니들의 사랑은 내 편 네 편이 없는 공평한 사랑이었다.

사랑은 국적을 초월하고 언어를 초월하고 문화와 전통을 초월하지만 이번 일을 통해 나이도 초월한다는 사실을 절감하게 되었다. 할머니들은 영어를 하실 줄 몰랐지만 손짓, 발짓을 통해 캄보디아 아이들과 의사소통을 잘하셨다. 오랜 삶을 통해 얻은 지혜와 관록으로 선교지에서의 장애물을 너끈히 헤쳐 나가시는 것을 보았다. 74살, 76살, 78살의 할머니 세 분이 죽기 전에 한번 꼭 선교지에 가보고 싶어 오셨다고 했다. 몸은 나이가 들어 연로하지만 생각은 젊었고 복음을 전하고자 하는 뜨거운 열정은 청년과 다를 바가 없었다.

캄보디아 아이들과 청년들이 할머니들에게 한국말로 "할머니, 이름이 무엇이에요?"라고 물어보자 할머니들은 까르르 웃으시면서 한국말을 잘한다고 칭찬해 주셨다. 급속도로 할머니 선교팀과 가까워진 캄보디아 아이들은 친손자, 친손녀처럼 한국의 할머니들의 어깨를 잘 주물러 드렸다. 할머니들은 기뻐하며 아이들한테 1달러씩 용돈을 주시기도 했다. 그 모습을 보니 한국에 계신 나의 할머니 생각이 났다.

사랑은 모든 장벽을 무너뜨리는 힘이 있었다. 언어의 장벽 문화와 전통의 장벽과 심지어 나이와 생각의 장벽까지 온통 모두 다 허물어 버릴 수 있는 위대한 힘은 사랑에서 나왔다. 모든 장벽 중에서 마음의 장벽을 허물기가 가장 어려운데 사랑하는 사람들이 마음의 장벽은 순식간에 무너지는 것이다. 주 예수 그리스도의 사랑을 통하여 마음이 하나가 되는 것이다. 천사의 말을 한다 하여도 사랑이 없다면 울리는 꽹과리가 된다는 말씀을 할머니들의 헌신적인 사랑을 통하여 다시 한 번 실감했다.

선교일정을 마치고 다시 한국으로 돌아가기 전날, 할머니들께서는 더 많이 도와주지 못하고 더 많은 시간을 아이들과 함께하지 못해서 안타깝다고 눈물을 흘리셨다. 할머니들은 죽기 전의 마지막 소원이 선교지에 가보는 것이었는데 이번에 선교지에 와서 너무나 기쁘시다고 했다. 젊었을 때 교회를 알지 못하고 예수님을 몰랐기에 선교지에 가지 못한 것이 후회된다는 말을 듣고 나는 지금의 나의 삶에 얼마나 감사해야 하는지를 깨달았다.

공항으로 출발하는 날 캄보디아 아이들이 모두 달려 나와 할머니들 품에 와락 안겼다. 서로 헤어지는 것이 슬퍼서 훌쩍거리며 손을 놓지 못했다. 장시간 비행기를 타기도 힘든 몸으로 혼신의 힘을 다하여 이 땅 캄보디아에 오신 할머니 선교팀. 그분들은 건강이 허락되면 내년에 또 오겠다고 아이들에게 손가락을 걸며 약속하셨다. 나는 마음속으로 간절히 간구했다. 할머니들의 건강을 지켜 주셔서 내년에도 꼭 뵐 수 있게 해달라고……. 우리 캄보디아 아이들은 한국의 할머니들의 사랑을 절대로 잊지 못할 것이다. 그 사랑으로 지금도 무럭무럭 자라고 있음에 감사드린다.

Chapter. 3

나의 첫 책을 꿈꾸다

　나는 아직도 캄보디아 빈민촌 아이들과 함께했던 시간들을 담은 책이 나왔다는 사실이 꿈만 같다. 내 눈앞에 나의 첫 책 『메콩강 빈민촌의 물새 선생님』이 놓여 있는 것을 보면서도 말이다. 책이 나오고 나니 감사하게도 여러 독자 분들이 감명 깊게 읽었다며 메일을 주시곤 했다. 그 메일들이 나에게 얼마나 큰 격려가 되고 힘이 되는지 모른다.

　내가 처음 단기선교를 꿈꾸게 된 데에는 책이라는 도구가 큰 영향을 미쳤다. 그 당시에 베스트셀러였던 『지구 밖으로 행군하라』는 책을 읽고 나도 한 번 질리도록 비행기에 몸을 싣고 오지로 선교를 가고 싶다는 생각을 했다. 『꽃으로도 때리지 말라』는 책을 통해서는 불우 이웃을 마음껏 사랑하며 보듬고 싶다는 소망을 품게 되었다.

두 권의 책을 읽고 언젠가 나도 이와 비슷한 책을 내고 싶다는 꿈을 품고 21살의 나이에 처음 비행기를 타고 캄보디아 빈민촌으로 왔다. 빈민촌은 내 눈앞에 펼쳐진 영적 광야이자 황무지와도 같은 사막이었다. 한 번도 체험한 적이 없는 빈민촌이 내 눈앞에 펼쳐진 것이다.

가난에 허덕이며 무기력하게 살아가는 사람들을 보며 나는 무엇을 해야 할지 눈앞이 캄캄했다. 그저 하나님께 매달리며 기도하는 것이 전부였다. 나는 그들과 소통하기 위해 영어와 중국어, 캄보디아어, 베트남어, 태국어, 인도네시아어를 공부하기 시작했다. 밤낮으로 고시생처럼 언어 공부에 매달린 것이다. 각종 언어를 공부하고 낯선 나라의 문화와 전통을 이해하고 받아들이는 일은 말처럼 쉬운 일이 아니었다.

힘들고 낯선 경험들은 흐르는 시간이 해결해 주었다. 조금씩 빈민촌 아이들과 주민들의 삶을 이해하게 되었고, 그들을 위해 나의 삶을 바칠 각오를 다지게 되었다. 내가 해야 할 이들에 대한 구체적인 그림이 그려지기 시작하면서 나의 빈민촌 생활은 자리를 잡아갔다. 그렇게 값진 6년의 세월이 흐르면서 나는 생각보다 빨리

꿈을 이루었다. 나의 책을 펴내게 된 것이다. 나 같은 사람이 하고 있는 빈민촌 사역이 그 누군가에게 희망이 되고 도전이 된다는 소식을 접할 때마다 보람을 느끼고 빈민촌 아이들과 청년들을 가르칠 때는 더 큰 사명감을 갖게 되었다.

　꿈을 품을 때는 막막하지만 멈추지 않고 꿈을 향해 달려가면 언젠가 그 꿈이 이루어진다는 것을 나는 캄보디아 빈민촌에서 몸소 체험하게 되었다. 꿈을 꾸는 사람들은 요셉처럼 어려움에 처할 때도 있고, 질투를 받거나 무시당할 때도 있지만 수많은 장애물을 넘으면서 앞으로 전진할 수 있다. 맨 처음 내가 선교지에 간다고 했을 때에도 너무나 많은 장애물이 있었다. 선교지에 가서 헌신하고 봉사하겠다고 하자 모두들 가지 말라고 말렸다. 누구는 충동적으로 헌신을 해서는 안 된다고 했고, 누구는 그것이 다 시간 낭비라고도 했다. 취업이 안 되어 현실 도피를 하는 것 아니냐고 말하는 사람도 있었다. 나는 이런 모든 말을 뒤로 하고 고독하고 외롭고 상처 받은 마음으로 캄보디아로 가는 비행기를 탔다.

　이곳 빈민촌에서 선교하면서 힘들고 어려울 때는 눈물로 기도하며 이겨 냈다. 한 달에 20만원 되는 후원금이 중단되었을 때는 정말이지 눈앞이 캄캄해서 하루 종일 울기만 했다. 나는 울고 또 울었다. 기도할 때마다 눈물이 멈추지 않았다. 내가 너무나 자주 울다 보니 동료들이 '물새' 라고 부르기 시작했다. 나는 그렇게 눈물의 물새가 되었다. 지금은 조금은 여유롭게 웃음 지으며 그때의 아픈 기억을 떠올리곤 한다. 돌이켜보면 하나님께서 부족한 나를 영적으로 훈련시키기 위함이었음을 이제 알고 있다. 나를 훈련소에 입소시켜 놓고 다양하게 훈련시켜 주신 가장 위대한 교관이신 하나님께 감사드린다.

Chapter. 4

내가 멘토가 되다니……

　어느 날 누군가로부터 자신이 존경하는 작가의 추천으로 『메콩강 빈민촌의 물새 선생님』을 읽었다는 메일을 받았다. 처음에 그 작가가 누구일까 참 궁금했다. 그가 이지성 작가라는 사실을 알고 나서 깜짝 놀랐다. 나는 너무나 보잘것없는 작은 존재인데, 그렇게 유명한 작가의 추천을 받았다고 생각하니 몸 둘 바를 몰랐다.
　나는 1년에 한 번씩 한국에 가게 되면 꼭 서점에 들러 책을 구입한다. 빈민촌에서 틈틈이 시간 날 때마다 책을 읽으며 다른 사람의 삶을 통해 지혜를 배울 수 있기 때문이다. 그 책들 중에는 이지성 작가의 책도 여러 권 있었다. 나는 『꿈꾸는 다락방』, 『리딩으로 리

드하라』, 『여자라면 힐러리처럼』을 모두 읽었다. 그의 책을 통해 많은 도전을 받았고 힘을 얻었던 터라 나의 놀람은 어쩌면 당연한 것이었다.

이지성 작가는 독자들에게 필독서로 나의 책을 추천했고, 읽은 감동을 감사 편지에 담아 보내라는 숙제를 멘티들에게 내주었다고 했다. 이 이야기를 들은 나는 그 자리에서 이지성 작가에게 감사의 편지를 보냈다. 빈민촌에서의 작고 소박한 경험들을 아름다운 눈으로 바라보고 여러 사람들에게 권해 주는 따뜻한 그 마음이 참으로 고마웠다.

이지성 작가의 추천을 받은 것이 꿈만 같으면서도 한편으로는 부담이 되기도 했다. '과연 나의 삶이 다른 이들에게 감동을 주고 본이 될 수 있을까?' 하는 의문이 자꾸만 드는 것이다. 이번 기회를 통해 나는 나 자신을 투명하게 되돌아보는 시간을 갖게 되었다.

나의 감사 편지에 이지성 작가가 바로 답신을 주었다. 그는 빈민촌 아이들과 청년들의 안부를 물으며 나한테 회원들의 나눔의 멘토가 되어 달라고 했다. 나는 메일 내용이 믿어지지가 않아 얼떨떨했다. 그리고 하나님께 여쭤 보았다.

"하나님, 제가 멘토를 해도 되는 것일까요? 회원 분들 모두가 저보다 더 많이 배우고 훌륭하신 분들인데, 제가 어떻게 그분들 멘토를 할 수 있을까요? 저는 내세울 것이 아무것도 없고 두렵습니다."

하지만 내일의 꿈을 향해 정진하고 도전하는 사람들, 자기계발을 통해 이웃들을 돕고자 하는 따뜻한 마음을 품은 사람들과 함께하고픈 마음이 생겨났다. 일단 자격이 되든 안 되든 도전해 보자는 용기가 치솟았다. 나는 담대하게 멘토가 되어 부지런히 글도 올리겠다고 메일을 보냈다.

이 일을 계기로 나의 사역이 하나 더 늘었다. 선교지에서 겪는 나의 일상을 글로써 더 많은 사람들에게 전하게 된 것이다. 매일 밤 10시 30분에 하루의 모든 사역을 마치고 나면 나는 더욱더 바쁜 밤을 보낸다. 신대원 공부, 글쓰기, 책 읽기, 성경공부하고 아이들과 청년들을 돌보고 여전도 회원들을 보살피고 나면 밤이 깊어가는 줄도 모른다. 누군가가 젊었을 때는 마음껏 피곤을 사랑하라고 했다. 피곤하지 않고서는 바라고 원하는 열매가 맺혀지기 어렵다는 말일 것이다. 그렇다. 나는 하나님을 사랑하고 이웃을 사랑하고 피곤을 사랑한다. 나는 편하게 안주하는 사람이 아니라 파김치가 되어도 내가 할 일을 반드시 완수해야 되는 사명의 존재이기 때문이다. 하나님을 사랑하고 이웃을 사랑하고 피곤을 사랑하면서 더욱더 하나님의 양떼를 보살피는 데 박차를 가할 것이다.

Chapter. 5

이지성 작가와의 만남

메일로만 이야기를 나누던 이지성 작가와 직접 만나는 일이 현실로 이루어졌다. 망막박리 수술 후에 검진을 받으러 한국에 나갔다가 약속을 잡게 된 것이다. 나는 한자리에서 이지성 작가님과 서울역 쪽방촌 봉사 모임 선생님들을 함께 만날 수 있었다. 이 작가님과 회원분들은 쪽방촌에 살고 있는 아이들에게 무료로 독서 교육을 해 주고 있었다.

센터로 들어서는데 맨 처음 눈에 들어온 것이 한 벽면을 가득 메운 책장이었다. 쪽방촌 아이들이 읽을 수 있도록 마련된 작은 도서관이 너무나 부러웠다. 도서관이 있어야 책을 읽고 공부를 하면서

꿈을 키우고 비전을 향해 도전할 수 있다고 생각하고 있었다. 책으로 가득한 책장을 보면서 빈민촌에도 어서 도서관을 세워 아이들에게 책을 읽히고 싶다는 마음이 들었다.

내가 이 작은 도서관이 너무 부럽다고 하자 이지성 작가님이 도서관에 대해 구체적으로 물어왔다. 나는 봇물 터지듯이 도서관 세우는 일에 대한 나의 꿈을 이야기했다.

"우리 빈민촌 아이들이 책을 읽을 만한 마땅한 장소가 없어요. 밥도 땅에 주저앉아 먹을 때가 많거든요. 그 모습을 볼 때마다 마음이 늘 아팠어요. 언제부터인가 제 마음속에 도서관을 지어 보자는 소망이 생겨났어요. 책을 통해 제가 꿈을 키웠듯이 이 아이들도 책을 읽으며 멋진 꿈과 비전을 품을 수 있으리라는 기대가 제 가슴을 벅차게 만들었지요. 물론 이 모든 일들은 하나님께서 하시는 것이지만, 그 일을 이루실 때 믿음 있는 자를 사용하시잖아요. 그렇게 쓰임 받는 자가 제가 되었으면 하고 기도하고 있어요.

빈민촌 선교를 하면서 가난의 아픔이 얼마나 무서운지 절실히 깨달았어요. 가난 때문에 영양실조에 걸려 죽어가는 아이들, 학비가 없어 학교에 가지 못하고 대책 없이 집에서 무료하게 시간을 보내는 아이들, 옷이 없어 벌거벗고 다니는 아이들을 수도 없이 보았지요. 그 아이들이 도서관에서 마음껏 책을 읽고 맛있는 간식도 먹고 편안하게 놀다 갈 수 있게 해 주고 싶다는 것이 저의 꿈이자 비전이에요."

그랬다. 나는 도서관을 만들어 아이들이 마음껏 책을 읽을 수 있게 해 주고 싶었다. 또 식당이 없어 쪼그리고 앉아 밥 먹는 아이들에게 식당을 만들어 주고 싶었다. 언젠가 그 꿈이 이루어지리라 믿고, 매일매일 공부에 전념하는 아이들과 청년들을 위해 기도할 것이다.

또한 나의 꿈을 이뤄 주시기 위해 하나님은 내가 할 수 없는 부분에서는 적절한 사람을 만나게 하셔서 그 일을 이루실 것이다. 나는 그저 하나님의 작은 도구일 뿐이다. 평생 이곳 빈민촌에서 하나님의 거룩한 도구가 되고 싶다. 사랑을 나누고 싶어 하는 분들에게 다리가 될 수 있도록 말이다. 부족한 나를 사용하시는 하나님이 위대하시기에 모든 영광을 하나님께 올린다.

10. 함께 일하는 동역자들의 고백

캄보디아를 향한 사랑의 열병-장성기, 유정화 부부 선생님
하나님이 세우신 리더가 되어-김명훈 선생님
어머니 대신 택한 캄보디아 사랑의교회-박지혜 선생님
새로운 출발점이 된 평화교회-황인범 선생님

Chapter. 1

캄보디아를 향한 사랑의 열병
- 장성기, 유정화 부부 선생님

캄보디아는 저희 부부에게 제2의 고향입니다. 캄보디아라는 나라의 이름조차 모르던 저희는 주님의 뜻 안에서 2주간의 단기선교를 오게 되었습니다. 조금은 호기심으로 함께 한 단기선교가 저희 평생의 사명이 될 줄 생각지도 못했습니다. 아무도 저희가 선교사가 될지 생각지 못했고 저희 자신들마저도 캄보디아에 복음을 전하도록 주님께 쓰임 받게 될지 몰랐습니다.

아내인 유정화 선교사는 2002년 캄보디아 단기선교를 왔었습니다. 큰 은혜를 받고 캄보디아에서 1년의 자원봉사를 하고자 결심했지만 상황들이 여의치 않아 다시 캄보디아에 올 수 없었습니다. 캄보디아를 향한 간절함과 뜨거운 열정이 있었지만 도무지 길이 열리지 않았습니다. 그 당시 아내는 이유를 알 수 없어 너무나 답답하고 가슴이 아팠다고 합니다. 하지만 시간이 지나며 자신에게 좀 더 준비가 필요했음을 깨닫게 되었다고 했습니다.

그러한 긴 인내와 절실함을 가지고 아내 유정화 선교사는 3년 만에 다시 캄보디아 땅을 밟게 되었습니다. 캄보디아를 그 누구보다도 사랑하고 사모했습니다. 저 또한 큰 기대를 가지고 단기선교팀에 함께했습니다. 눈에 보이는 모든 것이 놀랍고 신기했습니다. 캄보디아에서 체험하는 그 무엇 하나라도 놓치지 않기 위해 몸의 모든 감각이 생생히 살아 움직였습니다. 선교팀을 태운 차는 사람이 살지 않을 것 같은 오지 시골로 들어갔습니다. 그곳에서 커다란 눈과 까만 피부를 가진 아이들을 만났습니다. 옷도 제대로 입고 있지 않고 신발도 신고 있지 않은 아이들이 수없이 많았습니다. 선교가 처음이었던 저는 너무나 큰 충격을 받았습니다.

자주 씻지 못해 땀 냄새와 사람 냄새가 뒤섞인 비릿한 그 어떤 냄새가 저의 코를 자극했고, 언제 머리를 감았는지 알 수 없을 정도로 어린아이들의 머리카락은 먼지들과 함께 심하게 엉켜 있었습니다. 한국에서는 도무지 볼 수도 없고 상상할 수도 없는 모습을 한 많은 어린아이들이 선교팀을 보겠다며 교회를 가득 메우고 있

었습니다. 저를 더 놀라게 만든 것은 바로 제 눈에 그러한 아이들이 깨끗하고 예쁘게 보였다는 것입니다. 지금까지 제가 알고 있던 '깨끗하다', '예쁘다' 라는 개념과는 전혀 다른 모습이었음에도 불구하고 오히려 아름답게 보였습니다.

아마도 아이들의 겉모습 너머로 표출되는 순수한 마음과 티 없이 맑은 영혼을 느꼈기 때문일 것입니다. 하나님께서 아이들의 겉모습이 아닌 영혼의 순수함을 제 마음에 새겨 주신 것입니다. 그때부터 제가 할 수 있는 모든 것을 다해 예수님의 사랑을 전하기로 마음먹었습니다. 2주간의 단기선교 사역이 어떻게 지나갔는지도 모를 만큼 빠르게 흘러갔습니다. 마지막 날에는 체력이 떨어져 감기몸살에 걸려 쓰러졌음에도 행복했습니다. 이렇듯 저는 만남의 기쁨에 빠져 있었고, 아내는 꿈에도 바라던 캄보디아에 왔다는 사실만으로도 감격하고 행복해했습니다.

단기선교를 다녀오고 나서도 저희는 그 행복에서 헤어나지 못했습니다. 마치 사랑에 빠져 열병을 앓듯이 아침부터 저녁까지 캄보디아에 대한 그리움과 간절함으로 가득했습니다. 사역하며 만났던 캄보디아 아이들의 모습이 머릿속에서 떠나지 않았습니다. 기도 끝에 너무나 부족하지만 캄보디아에 1년을 헌신하고자 결심하게 되었습니다. 놀라운 것은 단기선교를 위해 준비하는 동안 아내 또한 1년을 주님께 드리고자 캄보디아 단기선교를 결심했다는 것이었습니다.

  1년이라는 짧지 않은 시간을 주님께 드리고자 결심하고 캄보디아로 향했습니다. 캄보디아에 도착한 후에는 각자 다른 사역지에 배치되었고 저는 새영광교회에서 사역을 시작하게 되었습니다. 그렇게 그리워하던 캄보디아에 온 것이 꿈만 같았습니다. 너무나 보고 싶고 열망하던 연인을 만난 것처럼 가슴이 콩닥콩닥 뛰었고 모든 것이 다 아름답게 보였습니다. 세상 그 무엇과 바꿀 수 없고 비교할 수 없을 정도로 행복했습니다.

  하지만 사역을 시작하며 현실적인 어려움들이 닥쳤습니다. 6개월 만에 다시 돌아온 저는 부족한 점이 많았습니다. 캄보디아어를 모르는 상황이었고, 캄보디아에 영어를 조금하는 현지인 성도가 한 명 있었습니다. 그런데 더욱 큰 문제는 제가 영어를 할 줄 모른다는 것이었습니다. 태권도를 가르쳐 줘야겠다는 생각만 하고 왔기 때문에 언어 준비는 소홀히 했던 것입니다. 그렇게 간절히 오고 싶었는데 막상 어디서부터 시작을 해야 할지 난감했습니다. 현지 음식이 입에 맞지 않아 밥도 잘 먹을 수 없었습니다. 이미 충분히 염두하고 준비했던 일이었지만 현실에 부딪히고 보니 또 달랐습니다. 그렇지만 아름다운 눈과 순수한 영혼을 가진 캄보디아 사람들은 여전히 아름다워 보였습니다.

  특히 아이들은 더욱 예뻤습니다. 아이들과 같은 믿음을 가진 사람들만이 천국에 들어갈 수 있다고 하셨던 예수님의 말씀을 기억하며 어린이 사역을 시작하게 되었습니다. 캄보디아 사전을 찾아가며 한국어 찬양과 영어를 가르쳤습니다. 가난하고 먹을 것이 없는 시골 마을 사람들은 학교를 거의 다니지 못해 문맹이 많았습니다. 캄보디아 학교에서는 음악을 가르치지 않아 음악을 전혀 이해하지 못했습니다. 찬양 한 곡을 가르치는 데 한 달 이상의 시간이 필요했습니다. 그렇지만 가르쳐 준 것을 잊지 않고 하나하나 기억하는 것을 볼 때면 얼마나 기쁘고 보람되었는지 모릅니다.

어느새 계획했던 1년의 시간이 지났습니다. 하지만 한국으로 떠나는 발이 떨어지지 않았습니다. 하나님의 나라를 위해 무엇을 했다는 생각이 들지 않았습니다. 오히려 환경에 적응하고 부족한 저를 수양하는 데 시간을 다 쏟은 것 같았습니다. 1년의 시간이 결코 짧지 않음에도 체감시간은 겨우 몇 개월 정도처럼 느껴졌습니다. 복음을 전하기 위해 왔지만 너무나 부족한 마음이 들어 이대로 가기에는 부끄럽다는 생각이 들었습니다. 주님께 기도드렸고 결국 1년을 더 있기로 결심했습니다. 아내인 유정화 선교사도 맡겨진 사역을 열심히 했지만 아쉬움이 남아 1년을 더 연장하겠다는 결심을 했습니다. 이 또한 전혀 생각지 못한 일이었습니다.

먼저 결심을 실행하기 위해 안정된 직장을 갖기를 원했던 부모님을 설득해야 했습니다. 또 여권도 만료기간이 가까워 연장을 하는 등 이런저런 이유로 잠시 한국으로 들어갔습니다. 여러 가지 일들을 마치고 마지막으로 여권을 연장하기 위해 구청을 찾았습니다. 앞의 몇 사람이 지나고 제 차례가 되어 여권과 사진을 심사관에게 주었습니다. 그런데 심사관이 여권과 증명사진을 한참을 비교해 보더니 고개를 갸우뚱거리며 저를 자꾸만 쳐다보았습니다.

"이거 본인 여권이 맞으세요?"

뜻밖의 질문에 당황한 저는 제 여권이 맞다고 대답했지만 심사관은 저를 의심하는 눈치였습니다. 순간 제가 다른 사람의 여권을 도용하는 사람으로 의심받고 있다는 생각이 들었습니다.

여권과 저를 비교하던 심사관은 여전히 미심쩍은 눈으로 "신분증 좀 제시해 주세요."'라고 했습니다. 여권이 신분증이기에 주민등록증은 가져오지 않았다고 하자 더 의심이 났는지 컴퓨터를 이용해 제 주민등록증을 검색했습니다. 얼마 후 컴퓨터상에 등록된 제 주민등록증을 찾은 심사관은 눈이 휘둥그레지더니 입을 다물지 못했습니다. 컴퓨터와 여권과 저를 몇 번이고 번갈아 보더니 어떻게 이런 일이 있을 수 있냐는 표정으로 말했습니다.

"세 개의 사진 중에 닮은 거라고는 코밖에 없네요."

심사관은 결국 포기하고 접수를 받아 주었습니다. 하나님께서는 수없이 많은 사람들을 상대한 전문 여권 심사관마저도 알아볼 수 없을 정도로 캄보디아를 통해 저를 변화시켜 주신 것입니다. 예전의 저의 날카로운 얼굴과 지금의 제 얼굴은 같은 사람이라 할 수 없을 만큼 너무나 많이 변해 있었습니다. 이렇듯 하나님께서는 저의 겉 모습뿐만 아니라 속 모습도 완전히 변화시켜 주셨습니다. 이 외에도 사역을 통해 셀 수 없는 많은 축복을 주신 하나님께 감사하며 더욱 열심히 캄보디아 사역을 했습니다.

그러던 어느 날 새영광교회 주위에 베트남 사람들이 살고 있다는 소식을 접하게 되었습니다. 여러 역사적 사건들로 인해 두 나라 국민이 섞여 살고 있었던 것입니다. 캄보디아 민족에게 복음을 전하기 위해 왔지만 베트남 민족에게도 복음을 전한다면 그 또한 하나님께서 기뻐하실 것이라는 멘토의 말씀을 듣고 베트남 마을에 가기로 결심했습니다.

하지만 베트남 사람들은 외부인인 저희를 철저히 경계했습니다. 연고지가 전혀 없던 저는 조심히 마을을 둘러 본 후 새영광교회의 첫 사역처럼 베트남 어린이를 대상으로 사역을 시작했습니다. 그 동안 캄보디아어를 배우며 어느 정도 의사소통을 할 수 있게 되었고, 캄보디아 청소년들이 든든한 지도자로 성장했기에 베트남 사역도 잘할 수 있으리라 생각했습니다. 그러나 전혀 예상치 못했던 문제가 발생했습니다. 저를 도울 것이라고 생각했던 캄보디아 리더가 베트남 마을에 가고 싶지 않다고 하는 것입니다. 캄보디아와 베트남 사람들은 서로 철천지원수처럼 지낸다는 것을 뒤늦게 알았습니다. 캄보디아의 청년과 어린이들은 제가 캄보디아 사람들에게 복음을 전하기 위해 온 선교사이니 베트남 사람들에게는 가지 말라고 했습니다. 베트남 민족을 향한 분노와 갈등의 골이 깊다는 것을 단번에 느낄 수 있었습니다.

저는 그때부터 상처받은 캄보디아 청년 지도자들의 마음을 만져주시기를 하나님께 기도했습니다. 그렇게 며칠이 지나 기도하며 마음을 정하고 캄보디아 청년에게 말했습니다.

"만약 나를 돕지 않는다면 혼자서라도 갈 것이다. 하지만 우리가 믿는 예수님은 이스라엘 사람들만을 위해 세상에 오신 것이 아니라 세계 모든 민족을 위해 오신 것이다. 그렇기에 한국 사람인 나도 예수님을 믿고 구원을 받게 되었다. 내가 처음에는 캄보디아를 위해 왔지만 그 이유만으로 베트남 사람에게 복음을 전하지 않는다면 하나님께서 기뻐하시지 않을 것이다. 예수님은 한국 사람인 나와 캄보디아 사람인 너를 사랑하듯이 베트남 사람들도 불쌍히 여기시고 또 그들을 사랑하신다. 그러니 나를 도울 것인지 아닌지는 기도하고 나서 네가 선택해야 한다."

이 문제의 해결책은 예수님의 사랑이요, 민족적 갈등을 넘을 수 있는 것은 복음뿐이었습니다. 깊이 생각하던 청년 리더는 저와 함께 베트남 마을에 가겠다는 결정하게 되었습니다. 하나님의 놀라운 은혜였습니다. 그렇게 우여곡절 끝에 베트남 마을을 찾아갔고 베트남 사람들의 닫힌 마음의 문을 열기 위해 노력했습니다. 어느 정도 시간이 지나자 또 문제가 생겼습니다. 이번에는 베트남 청소년들이 자신들만의 선생님을 원했습니다. 제게 베트남 사람과 캄보디아 사람 중 하나를 선택하라고 했습니다. 만약 캄보디아 사람들을 선택하면 자신들은 이제부터 교회에 나오지 않겠다고 했습니다. 이는 전혀 생각지도 못한 큰 문제였습니다.

아직 깊은 믿음이 없었기에 잘못하면 베트남 사람들에게 복음을 전하는 것이 중단될 수도 있는 상황이었습니다. 멘토에게 문제를 말씀드리고 방법을 여쭈어 보았습니다. 멘토는 지금의 아내인 유정화 선교사를 새영광교회로 파송하는 해결책을 주셨습니다. 아내는 멘토와 충분히 이야기를 나눈 후 큰 결심과 함께 도시에서 시골 오지로 파송되어 왔습니다. 이 모든 것이 전혀 예상치 못한 상황들이었습니다.

감사하게도 유정화 선교사가 베트남 사역을 맡으면서 사역이 서서히 안정을 찾아갔습니다. 그 당시 저와 유정화 선교사는 같은 시기에 캄보디아에 오게 되었지만 서로에 대해 잘 모르고 있었습니다. 서로 사역하는 모습을 옆에서 지켜보며 평소에 알지 못했던 다른 면들을 알게 되었습니다.

그러던 중 평생을 캄보디아 선교를 위해 헌신하겠다고 마음먹게 되었습니다. 우리는 사역에 대해 이야기를 나누며 서로가 캄보디아와 베트남 민족에게 복음을 전하겠다는 굳은 마음이 있다는 것을 알게 되었습니다. 그리고 그 꿈을 이루기 위해 둘이 결혼하여 가정을 이루는 것이 가장 좋다는 결론을 내리게 되었습니다. 그 어떤 자매도 그 어떤 형제도 국경의 오지까지 와서 살아 줄 결혼 대상자가 없었습니다. 우리 둘이는 하나님 나라를 위해 선택의 여지 없이 결혼하여 평생 함께 살자고 다짐하고 일 년 뒤 결혼하게 되었습니다.

  캄보디아 성도와 베트남 성도들 앞에서 미국에서 오신 주 목사님의 주례로 아무것도 없이 약혼식을 했습니다. 장모님은 저를 두 번 보셨습니다. 결혼 허락을 받기 위해 귀국했을 때와 결혼하러 한국에 갔을 때였습니다. 마찬가지로 우리 집 식구들도 며느리의 얼굴을 두 번 보았습니다. 오히려 우리보다 양가 부모님의 믿음이 더 크신 것이 아닌가 하는 생각이 들었습니다. 우리는 결혼한 후 더욱 더 각각의 사역에 매진하게 되었습니다.

  그러던 어느 날 아내가 몸이 조금 피곤하다며 밥도 잘 못 먹고 힘들어 했습니다. 얼마 지나지 않아 동네 병원에서 아내가 임신했다는 기쁜 소식을 듣게 되었습니다. 결혼 후 일 년 동안 아이가 없어 양가에서 많이 걱정하셨고, 저희 부부도 오랫동안 기다리던 소식이었기에 너무나 기뻤습니다. 그런데 며칠 후 아내가 하혈을 했습니다. 저희는 처음 당하는 상황이라 어쩔 줄 몰라 했습니다. 하지만 하혈이 좋지 않다는 것은 본능적으로 느낄 수 있었습니다. 캄보디아 병원에 갔지만 원인을 찾지 못했고 뚜렷한 처방도 없었습니다.

불안한 마음에 프놈펜의 조선족이 운영하는 중국인 병원으로 갔습니다. 의사는 진료를 한 후 임신 2개월 정도 되었는데 현재 산모의 상태가 좋지 않으니 아주 조심해야 한다고 말했습니다. 충격을 받지 말아야 하며 최대한 안정을 취해야 한다면서, 할 수만 있다면 아무것도 하지 않고 침대에 누워만 있는 것이 가장 좋다고 했습니다. 그리고 만약 하혈이 조금이라도 계속되면 유산될 수도 있으니 그때는 당장 병원으로 와야 한다고 일러 주었습니다. 기쁨도 잠시 우리 부부에게는 의사의 말 한마디 한마디가 천둥소리처럼 들렸습니다. 저희는 무언가로 뒤통수를 크게 얻어맞은 것 같았습니다.

진단을 받고 병원을 나온 후 오토바이를 타고 비포장도로를 달려 오지에 있는 새영광교회로 돌아왔습니다. 우리 부부에게는 차가 없었습니다. 그래서 덜컹거리는 오토바이를 타고 올 수밖에 없었습니다. 집에 돌아온 후 아내인 유정화 선교사는 안정을 취하기 위해 노력했고 또 조심했습니다. 저희는 두려웠습니다. 일 년이 넘는 시간 동안 기다린 아이였기에 잃고 싶지 않았습니다. "그런 일은 없을 거야. 하나님께서 우리를 도와주실 거야"라고 서로를 위로하고 격려했습니다.

하지만 또 하혈이 계속되었고 결국 며칠 뒤 유산을 하고 말았습니다. 임신소식을 듣고 얼마 지나지 않아 유산을 겪게 된 것이었습니다. 뭐라 할 말이 없었습니다. 눈물도 나지 않았습니다. 다만 마음이 말라붙은 땅바닥처럼 건조해지는 것 같았습니다. 어두워진 사막에 내동댕이쳐져 거센 모래 폭풍을 쉬지 않고 얻어맞으며 서 있는 것 같았습니다.

우리 부부는 다시 병원을 찾았습니다. 의사는 아무 말이 없었습니다. 그저 산모가 건강해야 한다는 말뿐이었습니다. 아내는 마취하지 않고 아기집을 제거하는 수술을 받았습니다. 수술이 끝난 후 아내는 병실에서 말없이 울고 있었고 저는 아내의 손을 꼭 부여잡는 것 외에 달리 위로의 말이 생각나지 않았습니다.

너무나 마음이 쓰리고 아팠습니다. 찢어진 마음의 상처가 아물지 않을 것 같았습니다. 하지만 캄보디아와 베트남 성도들을 보며 우리 부부는 회복되어 갔습니다. 그리고 시간이 지나 이런 깨달음을 얻었습니다. 예수님을 믿지 않고 죽어가는 캄보디아와 베트남의 영혼들을 보시며 하나님께서도 속상하고 속이 찢어지듯 아프시

겠구나 하는 깨달음을……. 이 일을 통해 하나님 아버지의 아픔을 조금이나마 알게 되었으니 고통 대신 기쁨을 드리기 위해 더욱 열심히 복음을 전해야겠다는 생각이 들었습니다. 누구보다 우리 부부를 아끼시고 사랑하시는 분이 하나님임을 알게 된 시간이었습니다. 또 우리를 지켜 주시고 보호해 주신다는 것도 알았습니다.

겨우 마음을 추스르고 사는 동안 두 번째 아이도 유산되고 말았습니다. 두 번째 아이를 유산할 때에는 삶의 의욕이 사라지면서 우리 부부의 삶이 점점 더 비참해져 가는 것을 느꼈습니다. 하지만 우리 부부는 쓰라린 아픔을 이기며 다시 일어나야 했습니다. 우리 부부에게는 베트남의 양떼들이 있고 캄보디아의 양떼들이 있기 때문이었습니다. 우리 부부를 위해서 사는 것이 아니라 하나님의 양떼들을 위해 살아야 하는 사명이 우리에게 있었습니다.

얼마 전 청년들과 함께 쥐가 물어뜯어 놓은 전기 배선을 고치러 지붕으로 올라가다 사다리에서 떨어지는 사고를 당했습니다. 쇠로 만들어진 사다리의 발 디딤판이 깨끗하게 절단되며 높은 위치에서 땅으로 떨어졌습니다. 그 사고로 인해 오른발 뒤꿈치가 부러지고 말았습니다. 뼈를 맞추고 석고를 대는 동안 태어나 처음으로 부끄러운 줄도 모르고 소리를 질렀습니다. 부러진 뼈를 맞추기 위해 뒤꿈치에 철심 3개나 박는 수술을 했습니다. 그럼에도 하나님께 감사드렸습니다. 저보다 먼저 올라간 캄보디아 청년이 다치지 않고 제

차례에 사다리가 부러진 사실에 감사했습니다. 머리라든지 다른 몸의 다른 부분이 먼저 땅에 떨어졌다면 정말 큰일이 났을 것입니다. 그 위험한 가운데서도 저를 지켜 주시는 하나님의 돌보심과 은혜에 감사드렸습니다.

　이렇듯 하나하나가 우연인 것 같지만 지나고 보면 모든 것이 하나님의 뜻이라는 것을 깨닫게 됩니다. 캄보디아에서 사역하며 어려움과 상처와 아픔과 기쁨과 행복한 일들이 끊임없이 일어났습니다. 또 앞으로도 일어날 것입니다. 그러나 우리 부부가 이곳에서 사역할 수 있고 또 힘을 낼 수 있는 것은 바로 주 예수 그리스도의 사랑 때문입니다. 캄보디아와 베트남 형제자매들의 사랑과 하나님께로부터 오는 우리를 향한 크신 사랑 때문입니다.

　우리 부부를 캄보디아로 이끌어 주시고 이러한 천국 파티에 참여할 수 있도록 해주신 하나님께 감사를 드립니다. 하나님께서 앞으로 우리 부부를 어떻게 이끌어 가실지 너무나 기대가 됩니다. 믿음을 가지고 우리 부부는 캄보디아와 베트남 국경에 살고 있는 베트남 민족에게 복음을 전하기 위해 나아갈 것입니다. 부족한 우리 부부를 일꾼으로 삼아 주시고 사랑으로 품어 주시는 하나님께 영광을 올려드립니다.

Chapter. 2

하나님이 세우신 리더가 되어
− 김명훈 선생님

저희 어머님은 몇 번 유산하시다가 어렵게 저를 낳으셨습니다. 그래서 다른 또래 친구들보다 부모님의 나이가 많습니다. 제가 교회에 나가게 된 것은 6살 때였는데, 친구에게 억지로 이끌려 다니게 되었습니다. 나의 교회 생활은 믿음 없이 계속되었고, 교회도 드문드문 다니다가 21살에 우연히 참석하게 된 3박 4일의 수련회 기간에 나는 주님을 구주로 영접하게 되었습니다.

캄보디아를 알게 된 것은 2005년 단기선교 때로 기억됩니다. 마음도 어렵고, 진로 문제 때문에 힘들었을 때 캄보디아를 오게 되었습니다. 이곳에서 사역하는 동안 너무나 많은 사랑을 받았고, 힘든 가운데도 교회에 나와 공부하고 예배드리고 기도하는 캄보디아 아이들을 보면서 나 자신을 뒤돌아보았습니다. 이들을 위해 기도하는 가운데 나의 비전 또한 발견하게 되었습니다.

  그래서 단기선교사로 1년간 오려 했지만 생각만 그럴 뿐 노력한 것은 없었습니다. 기도할 때도 "하나님께서 이것을 해결해 주시면 캄보디아로 가겠습니다"라는 식으로 했습니다. 당연히 주님은 나를 보내지 않으셨습니다.

  시간이 흘러 다시 한 번 2006년에 단기선교를 갈 기회가 주어졌습니다. 이번에는 아이들에게 받은 사랑보다 캄보디아 멘토의 말씀이 내 가슴을 때렸습니다. 캄보디아를 향한 멘토의 비전은 뜨거웠고, 지금까지 생각해 보지 못했던 말씀들로 나를 깨웠습니다. 기도와 행동, 실력의 중요성에 관한 말씀이었습니다.

  멘토의 말씀은 신앙생활에 많은 도움이 되었고 선교사로 1년간 섬기겠다는 결심에 이르렀습니다. 예전과는 다르게 먼저 행동으로 실천하고 기도했습니다. 선교 나가는 것을 반대하리라 생각했던 부모님도 흔쾌히 허락해 주셨습니다. 이제 갈 날만 기다리면 되겠구나 싶었는데, 생각지도 못하게 집안에 어려움이 닥쳤습니다. 아버지가 하시던 일이 부도가 나서 집이 이사를 하게 되었고, 생활이 정말 어렵게 된 것입니다. 이 상황에서 나는 고민을 하지 않을 수가 없었습니다. 자식이라고는 나 하나뿐인데, 어려움에 처한 부모님을 두고 어떻게 떠날 수가 있겠는가 싶었습니다. 빨리 졸업해서 생활비를 벌어야 할지, 아니면 캄보디아 선교를 가야 할지 갈등이 되었습니다.

많은 생각과 기도를 하는 중에 "주 예수를 믿으라. 그리하면 너와 네 집이 구원을 얻으리라"라는 말씀을 주님께서 주셨습니다. 나의 가장 큰 기도제목이 부모님과 함께 교회를 다니는 것이었기에 이 말씀이 내 마음에서 떠나지를 않았기에 한번 캄보디아에 가야겠다고 결단을 내렸습니다. 역시 주님은 사랑의 주님이셨습니다. 내가 캄보디아에 가면 부모님의 기도가 무척 중요하다고 말씀드렸더니 집 근처 교회에 나가시겠다고 하셨습니다. 부모님은 새신자로 등록하고 하나밖에 없는 아들이 2년째 캄보디아에 있을 때 세례까지 받으셨습니다. 아버지는 토속 불교 신앙에 흠뻑 빠져 있었는데 서서히 교회에 긍정적인 생각을 가지시게 되었습니다. 모든 것을 포기한다고 생각했을 때 더 많은 것을 채워 주시고 내가 생각할 수 없는 놀라운 축복을 주시는 주님을 다시 한 번 경험하게 되었습니다.

이런 과정 끝에 저는 캄보디아에 오게 되었습니다. 1년을 사역하면서 가난하게 사는 아이들과 청년들에게 해 주어야 할 것도 많고 해 주고 싶은 것도 많다는 생각이 들었습니다. 그리고 또다시 1년 더 캄보디아에 머물게 되었습니다. 남들은 나의 인생이 실패했다고 하는 분도 있지만 나는 캄보디아 오지에서 내 일생을 바칠 것입니다. 다른 사람들은 이해할 수 없다고 하지만 내가 이렇게까지 캄보디아를 사랑하게 될 줄은 나도 미처 몰랐습니다.

한국에 계시는 나이 많으신 노부모님을 떠올리면 나도 인간이기에 마음이 약해질 때도 있습니다. 하지만 이국땅 캄보디아에서 영광교회와 은혜교회를 위해 평생 섬기는 일은 나의 목숨과도 같은 거룩한 사명이기에 일생 동안 꼭 지키고 싶습니다.

캄보디아에서 지내는 동안 저는 맹장수술을 했습니다. 한국 같으면 간단한 수술이었지만 저에게는 큰 아픔과 감동을 느끼게 한 계기였습니다. 캄보디아에서 가장 좋은 병원에서 맹장 수술을 하면 500만 원, 한국 병원에서는 200만 원, 캄보디아 병원에서는 30만 원을 달라고 했습니다. 결국 30만 원을 주고 캄보디아 의사에게 수술을 받았습니다. 수술실은 꼭 야전병원 같았습니다. 전신마취를 하기로 했었는데 외국인이라 마취양이 다를 수도 있다고 하면서 척추마취를 했습니다. 척추마취도 결코 쉽게 되지는 않았습니다. 두 번의 실패로 허리는 끊어질 정도로 아팠고 척추에 주사기를 뺐다 넣었다를 수십 번 반복한 끝에 간신히 마취에 성공을 했습니다. 수술이 끝나고 TV에서만 보던 열대지방 특유의 후덥지근하고 열악한 병실로 옮겨졌습니다.

많은 분들이 병문안을 와 주었습니다. 특히 영광교회 제자들이 찾아와 눈물로 기도하는 모습에 감동을 받아 저도 함께 눈물을 흘렸습니다. 오지에서 캄보디아 성도들을 돌보는 것이 절대 낭비가 아니라 하나님 나라를 위한 거룩한 투자임을 실감하자 저의 마음이 용광로처럼 뜨거워졌습니다. 사흘 후 퇴원을 했지만 또다시 개인병원에 재입원을 해야 했습니다. 2차 감염이 걸린 것입니다. 재수술로 썩은 부위를 도려내고 상처를 벌린 채 소독을 했습니다. 힘들고 어려운 시간이었지만 교회로 돌아가는 순간 수많은 아이들과 집사님들이 나를 붙잡고 울고 웃으며 반겨 주는 모습을 보며 큰 위로가 되었습니다.

그런데 수술 후 부작용이 생겼습니다. 알 수 없는 허리 통증과 항생제 중독으로 인한 피부트러블이 발생한 것입니다. 약을 쓰면 괜찮아졌다가 약효가 떨어지면 다시 살이 썩어갔습니다. 피부병이 아직 완전하게 낫지 않아 힘든 상태지만 교회 아이들과 성도들이 매일같이 기도해 주고 있으니 하루 빨리 나을 것이라 믿습니다.

이들이 나를 위해 기도하는 모습을 보고 있으면 저절로 눈물이 글썽거려집니다. 내가 눈물을 흘리며 기도하면 어느새 캄보디아 제자들도 하나둘씩 눈물을 흘리며 기도합니다. 비록 지금 몸이 좋지는 않으나 내 옆에서 함께 기도해 주는 아이들과 청년들이 있기에 너무나 행복합니다. 이들이 바로 주님이 보내 주신 치료약이요 엔돌핀입니다.

수술을 하고 부작용과 힘겹게 싸우고 있던 어느 날 아버지에게서 전화가 왔습니다. 아버지는 큰 일이 있지 않고는 전화를 하지 않는 분이기에 조금 긴장된 마음으로 전화를 받았습니다. 역시나 집에 안 좋은 일이 일어났습니다. 어머니가 유방암에 걸리셨다는 소식이었습니다. 나는 수화기 너머로 들려오는 아버지의 목소리가 까마득히 멀리 들렸습니다. 한동안 충격에 휩싸여 머릿속은 하얘졌습니다. 부정맥에 골다공증, 당뇨병에 노환까지 있으신 어머니가 이번엔 유방암이라니……. 게다가 3기에 임파선으로 전이가 되었다고 하는 통에 더 걱정이 커졌습니다. 수술할 때 부정맥으로 인해 어떻게 될지 모른다고 했습니다. 노환으로 몸도 쇠약해져 있어서 갑자기 심장이 멈춰 죽을 확률도 높다고 했습니다. 정신이 멍하고 아무런 생각이 들지 않을 때 캄보디아 아이들이 나의 힘이 되어 주었습니다. 옆에서 나의 걱정스런 표정을 읽은 아이들이 하나둘씩 나에게 다가와 손을 꼭 잡아 주는 것이었습니다.

　정신을 가다듬고 집사님과 기숙사 아이들, 청년들과 한자리에 모여 함께 기도했습니다. 다들 눈물로 함께 기도해 주었습니다. 치유의 하나님이 어머니를 감싸 안아 주시고 치유의 손길로 어루만져 주셔서 꼭 낫게 해주실 거라는 믿음이 있었습니다.

　같은 날 나의 영적 제자가 심장병 수술을 하기에 한국에 가지 못하고 그 아이를 돌보아야 했습니다. 어머니도 중요하고 캄보디아 성도들도 중요했습니다. 그래도 제가 옆에 없으면 더 두려워하고 걱정하는 제자를 보고 이 아이가 무사히 수술을 하는 것을 보고 한국에 가야겠다는 마음을 주님께서 주셨습니
다. 저는 하나님을 사랑하고, 어머니를 사랑하고, 우리 캄보디아 영광교회 전 성도들과 은혜교회 성도들을 진심으로 사랑합니다. 하나님께 모든 것을 맡기면 저의 제2의 가족들 모두가 속히 건강해질 것이라 믿습니다. 우리의 주님은 전능하신 주님이기 때문입니다.

지금 이곳 캄보디아에 와서 저는 많은 변화를 경험하고 있습니다. 세상에 파묻혀 살아가는 생각만 하고, 교회보다 세상이 좋았던 저를 주님께서 영광교회와 은혜교회라는 큰 교회의 리더로 세워 주셨습니다.

이곳에서 아이들과 청년들, 그리고 나이 많으신 성도님을 가르치면서 제가 더 공부하지 않으면 안 된다는 것을 깨달았습니다. 그래서 늘 저 자신을 채찍질하고 저의 잘못된 부분을 고치기 위해 노력하고 있습니다. 제가 발전하지 않으면 아이들 또한 성장하지 않고 계속해서 제자리에 멈춰 있을 것이라는 생각을 하면 결코 게을

러질 수가 없습니다. 저의 우유부단한 성격과 고집 등을 반성하고 고치면서 점점 리더로 성장하는 제 모습을 보게 됩니다.

저는 캄보디아에서 너무나 많은 것을 받고 있습니다. 처음 캄보디아에 왔을 때는 그냥 인생의 십일조만 생각하고 한국에서의 모든 것을 포기하고 왔다고 생각했지만, 주님은 너무나 많은 것을 저에게 주셨습니다. 어머니의 구원, 아버지의 생각의 변화, 나 자신의 변화, 목사님과 많은 선교사님들, 또한 나의 영적 제자들과의 만남과 교제……. 이 모든 것들을 어디서 얻을 수 있겠습니까. 영광교회 캄보디아 성도들은 캄보디아 사람들 중에서도 가장 가난한 사람들입니다. 의지할 곳이 전혀 없어 아주 비참하게 사는 가난한 이들이 교회에 다니면서 주위로부터 무시당하고 멸시를 당하기가 일쑤입니다. 일용한 양식도 없고, 입을 옷도 없고, 우물도 없고, 자녀들 학교 보낼 학비도 없습니다.

이렇게 힘들고 어렵지만 캄보디아 성도들은 주님을 믿고 의지하며 예배드리고 기도합니다. 이들이 지금 멸시당하고 힘들게 살아가고 있지만 언젠가는 멸시당하는 이들의 자녀가 자라나 캄보디아를 이끌어 나가는 리더가 되고, 이 땅 캄보디아도 한국처럼 부흥되어 주님의 십자가가 캄보디아 전국 방방곡곡에 심어질 것이라 믿기에 오늘도 힘차게 달려갑니다.

Chapter. 3

어머니 대신 택한
캄보디아 사랑의교회

- 박지혜 선생님

캄보디아를 처음 알게 되었을 때는 그저 가난한 나라, 불쌍한 나라라고 생각했습니다. 한 번도 들어본 적도, 가본 적도 없는 곳이었기에 아는 것이 아무것도 없었습니다. 2005년 단기선교로 캄보디아에 오게 되었을 때, 세계지도를 펴고 어디에 있는 나라인지 찾아볼 정도였습니다. 그런데 이렇게 캄보디아에 와서 사역을 하고 있는 것을 보면 모든 것이 하나님의 인도하심이었다는 생각이 듭니다.

사실 20대 초반에 아버지가 돌아가시고 저는 졸지에 소녀 가장

이 되었습니다. 홀어머니를 모시기 위해 어린 나이에 취직을 했고 열심히 직장에 다녔습니다. 직장을 다니면서 캄보디아 선교를 알게 되었고 캄보디아 선교사로 섬기고 싶다는 소망을 가졌습니다. 하지만 주위의 많은 사람들이 홀어머니와 가정 형편을 걱정하며 선교하러 가는 것을 말렸습니다. 저를 밀어주는 사람은 오직 어머니뿐이었습니다. 어머니는 저를 믿고 하나님의 일을 할 수 있도록 캄보디아에 보내 주셨습니다. 그 당시 어머니는 교회는 다니셨지만 믿음이 좋은 편은 아니었습니다. 그런 어머니가 먼 타국으로 딸을 보내고 매일 매일 기도하셨다는 이야기를 듣고 한참이나 울고 또 울었습니다. 어머니는 누구보다도 저를 위해 기도해 주시고, 응원해 주시고, 인정해 주시는 든든한 지원군입니다.

처음 캄보디아행 비행기를 탔을 때는 가슴이 마구 뛰고 설레었지만 한편으로는 캄보디아어를 한마디도 못한다는 사실에 불안해졌습니다. 저는 비행기에서 내내 하나님께 기도하며 매달렸습니다. "하나님, 제발 모든 일이 잘될 수 있도록 인도해 주세요." 그렇게 우여곡절 끝에 사랑의교회에 도착했는데 당시의 교회는 치안 문제로 심각했습니다. 그때는 오후 5시가 넘으면 방에 들어가 문을 잠그고 사찰 집사님이 불러도 문을 열어 주면 안 될 정도로 무서운 지역이었습니다. 저는 그렇게 무섭고 살벌한 지역에서 자매의 몸으로 혼자 살았습니다.

당시 교회 근처에는 유난히 많은 절이 밀집되어 있었는데, 그 이유는 깡패들과 마약거래상들로부터 안전을 지켜 달라고 불공을 드리는 사람이 많기 때문이었습니다. 그만큼 깡패들과 마약 파는 사람들이 많아서 교회에서 지내는 것은 위험 그 자체였습니다. 그래도 지금은 10명의 청년들과 교회에 같이 살면서 두려움도 많이 없어졌고, 저녁 시간에는 학생 리더들의 공부시간이 마련되어 혼자 있는 시간이 많이 줄어들었습니다.

교회 뒤편에 있는 절은 불교 국가인 캄보디아에서 가장 영향력이 있는 절 중의 하나입니다. 주지승이 유능하기로 소문난 절이기에 동네 주민들이 절대적으로 신뢰하고 있습니다. 제가 사랑의교회에 파송되기 전에 그 절의 주지승을 해외 유학파로 바꾸었다고 합니다. 그 주지승은 영어도 잘하고 사교성도 풍부한 능력 있는 사람이었습니다. 이렇게 주지승을 바꾼 것은 우리 사랑의교회를 강력하게 견제하기 위해서인 것 같았습니다.

새로 온 주지승은 아이들과 어른들이 교회 근처에도 얼씬하지 못하게 만들었습니다. 조금이라도 교회가 부흥이 되면 주지승들이 와서 교회에 못 나가게 막았습니다. 그래서 처음 사랑의교회에 와서 며칠 동안 아무것도 못하고 교회 앞마당에서 서성이기만 했습니다. 몇 날 며칠을 그렇게 보내던 저는 더 이상 가만히 있으면 안 될 것 같아 작은 구멍가게에서 과자를 몇 봉지 샀습니다. 그러고는 과자 봉지를 들고 온 동네를 다니기 시작했습니다. 그때 뙤약볕이 내리쬐는데 모자도 쓰지 않고 반팔인 채로 온 동네를 돌아다녀서 그런지 지금까지 살이 까맣게 타서 캄보디아 사람이라는 말을 많이 듣습니다.

동네를 다니다가 아이들을 만나면 과자를 주며 서투른 캄보디아 말로 교회에 오라고 했습니다. 처음에는 아이들이 제 말을 못 알아들어서 답답하기도 하고 속이 상했습니다. 하지만 그 일을 멈추지 않았습니다.

부지런히 발품을 팔면서 돌아다녔지만 아무도 교회에 오지 않았습니다. 첫날의 전도는 아무 성과 없이 끝이 났습니다. 마음이 아프기는 했지만 첫 술에 배부르랴 싶어 다음을 기약하며 캄보디아어를 열심히 공부했습니다. 그렇게 몇 주가 지나자 두 명의 아이가 교회에 나왔습니다. 저는 너무 기뻐 소리를 지를 뻔했습니다.

두 명의 아이들을 앉히고는 먼저 영어 식사 기도를 가르쳐 주었습니다. 한국어 인사말도 간단히 알려 주었습니다. 어떤 날은 교회 뒤

편에 있는 강에 가서 물놀이도 했습니다. 모래밭에서 축구도 하고, 교회 마당에서 자전거도 타면서 아이들이 지루하지 않도록 계속 놀아 주었습니다. 아이들이 교회에서 즐거운 시간을 갖고 영어와 한국어 공부도 하게 되자 점차 마을에 입소문이 퍼졌습니다. 특히 부모님들은 교회에서 아이들 교육에 신경을 써 주는 점을 무척이나 좋아했습니다. 이를 계기로 교회에 나오는 아이들이 조금씩 늘어나기 시작했습니다. 두 명의 아이가 10명으로 불어났고, 몇 주 후에는 30명, 몇 달 후에는 50명의 아이들이 교회로 모여들었습니다.

교회에 나오는 아이들을 보면서 청년들도 영어와 한국어를 배우고 싶다며 교회를 찾았습니다. 또한 부모님들도 교회에 호감을 보이기 시작하더니 아예 교회 등록을 하고 신앙생활을 하게 되었습니다. 지금은 10명의 현지인 청년 리더들이 저를 도와 신학공부를 하면서 사랑의교회를 이끌어 가고 있습니다.

특별히 가난해서 학교를 다닐 수 없는 청년들을 교회 기숙사에서 지내게 하며 양육했습니다. 이렇게 하여 사역하기로 한 기간인 1년이라는 시간이 지났습니다. 하지만 그 1년을 적응기로 보낸 저는 너무 아쉬워 1년 더 사역하기로 마음먹었습니다. 그렇게 "1년 더", "1년 더" 하면서 6년의 시간을 캄보디아에서 보내게 되었습니다. 캄보디아에 복음의 씨앗을 심고 가꾸다 보니 무럭무럭 자라나는 나무에 맺히는 열매를 보고 싶은 생각이 들어 이곳을 떠나지 못했던 것 같습니다. 제가 떠나면 아이들과 청년들이 모두 다 교회를 떠날 것이기에 저는 사랑의교회를 떠날 수가 없습니다.

캄보디아에서 보내는 나날들이 저에게는 은혜이자 기쁨이었습니다. 하지만 고달픈 때도 있었습니다. 파송받은 교회에서 느닷없이 후원금을 삭감했을 때에는 정말 눈앞이 캄캄했습니다. 아무것도 몰랐던 저는 선교비가 들어오는 날 프놈펜을 가기 위해 오토바이에 올라탔습니다. 그런데 기름이 떨어져 움직이질 않았습니다. 후원비가 달랑달랑하던 때라 여기저기 흩어져 있는 푼돈들을 모아 겨우 기름을 채우고는 프놈펜 은행을 향해 달렸습니다.

현금지급기 앞에 선 저는 돈을 뽑기 위해 카드를 집어넣었습니다. 그런데 통장 잔고가 비어 있었습니다. 사역비가 들어올 시간이 었는데 돈이 안 들어와서 당황스러웠습니다. 30분 뒤에 다시 확인했지만 역시 그대로였습니다. 다시 한 시간을 기다렸으나 통장 잔고는 변함이 없었습니다. 은행 밖으로 나온 저는 후원금 보내 주시는 걸 잊으셨나 싶어 좀 더 기다리기로 했습니다. 그렇게 두 시간이 넘게 기다린 끝에 은행 문이 닫히기 직전 다시 현금지급기 앞에 섰습니다. 역시나 입금된 돈은 없었습니다. 다른 현금지급기에서 확인해도 마찬가지였습니다. 은행 직원은 저의 행동이 이상해 보였는지 계속 의심의 눈초리로 주시하고 있었습니다. 저는 순간 창피한 생각이 들어 얼른 은행을 빠져 나왔습니다. 그날 교회로 돌아오면서 저는 하염없이 눈물을 흘렸습니다.

　사역비가 부족하여 기숙사에서 지내는 청년들을 더 이상 데리고 있기가 어려워져 청년들에게 말을 해야했지만 입이 떨어지지 않았습니다. 그렇게 속으로 끙끙 앓고 있는데, 청년들이 이런 사실을 알고 자기들끼리 모여 저를 위해 기도하고 각자 집에서 쌀을 가져와 손수 밥을 지어 주었습니다. 이제까지 학교도 보내 주고 밥도 먹여 주신 선생님을 그냥 두고 갈 수는 없다면서 곁에서 선생님을 지키겠다고 했습니다. 저는 눈물을 반찬 삼아 밥을 삼켰습니다. 세상에서 가장 따뜻하고 맛있는 밥이었습니다. 이런 어려움의 시기

를 견디며 지금까지 캄보디아에 있을 수 있는 것은 사랑이 넘치는 이곳 아이들과 청년들 덕분입니다.

　제가 섬기고 있는 사랑의교회는 물이 없습니다. 더군다나 마실 물은 전혀 없습니다. 교회에서 볼 수 있는 물은 오직 노란 강물뿐입니다. 그래서 암반수를 파려고 세 번이나 시도했습니다. 처음에 30미터를, 두 번째는 50미터를, 세

번째는 100미터까지 파보았지만 지하의 물줄기를 찾지 못했습니다. 물이 펑펑 잘 나오는 한국에서 살다가 갑자기 물이 부족한 환경에 처하니 당황스러웠습니다. 수도에서 물이 안 나오니 씻거나 설거지를 하는 일이 어려웠고, 화장실 변기도 바가지를 이용해서 물을 부어야 했습니다. 그때마다 깨끗한 빗물을 한 양동이씩 퍼서 화장실 앞에 말없이 놓아 주는 사랑의교회 집사님들과 청년의 깊은 배려에 고마워서 많이도 울었습니다.

아무 때나 풍족하게 물을 사용할 수 있는 한국에서는 느끼지 못했던 하나님이 주신 빗물의 소중함을 타국에 와서 절실히 느끼게 됩니다. 비가 내리는 날에는 사랑의교회가 온통 잔치 분위기입니다. 항아리에 가득 물을 채우며 밀렸던 빨래를 하고, 화장실 청소며 자전거 오토바이를 닦으면서 비 내리는 날을 신 나게 즐깁니다. 비록 노란 강물이지만 물이 있다는 것이 얼마나 감사하고 행복한지 모릅니다. 노란 강물을 사용하면서 캄보디아에서 지낸 지 6년이 넘었지만 한 번도 피부병이 난 적이 없습니다. 저는 아무래도 캄보디아 체질인 것 같습니다.

캄보디아에 살면서 꼭 한번 어머니께 제가 사는 곳을 보여 드리고 싶다는 생각을 했습니다. 멀리 타지에 있는 딸이 행복하게 지내는 모습을 보시면 어머니도 행복해하실 것 같았습니다. 그러던 중에 어머니가 캄보디아에 오실 수 있는 기회가 생겼습니다. 어머니를 맞을 생각에 설레어 밤잠도 설치고, 열심히 교회와 방을 쓸고 닦으며 준비를 했습니다.

식당 설거지와 가정집 청소를 하시면서 두 손이 부르트고 상처가 나서 항상 빨갛게 부어 있는 어머니. 그런데도 선교지에 있는 딸이 세탁기가 없어 손빨래 하는 것이 안쓰러워 당신도 평생 세탁기가 아닌 손으로 빨래를 하시는 어머니의 사랑에 저도 모르게 눈물이 납니다.

혼자 일해서 먹고 사시는 것도 어려운데 딸을 만나려고 몇 년을 저축하여 비행기 표를 구입하셨고, 사랑하는 딸에게 맛있는 것을 사 먹이고 싶어서 안 먹고 안 입으며 아낀 돈을 지갑에 차곡차곡 넣어 오셨습니다.

저는 그런 어머니에게 불효녀입니다. 돈을 벌어 홀로 사시는 어머니를 보살펴 드려야 하는 저는 캄보디아에서 성도들을 보살피면서 예수님을 전하고 있습니다. 오히려 어머니가 파출부로 일하시면서 힘들게 모은 돈으로 저를 후원해 주십니다. 그런 어머니의 헌신에 저는 고개를 들 수가 없습니다.

이제 서른 살이 훌쩍 넘어버린 딸이지만 어머니에게 저는 항상 물가에 내놓은 어린아이 같은가 봅니다. 제가 사는 방을 깨끗이 청소해 주시고, 살림들도 다시 깔끔하게 정리해 주셨습니다. 또한 제가 보살피는 캄보디아 아이들에게 관심을 가져 주시고 사랑을 가득 담은 음식을 만들어 주셨습니다. 어머니의 끝이 없는 사랑을 보며 나는 캄보디아 아이들의 어머니가 되기에는 아직 멀었구나 싶었습니다.

사실은 어머니는 캄보디아에 오시면서 저를 한국으로 도로 데려가야겠다는 마음을 품고 있었습니다. 그런데 직접 제가 하는 사역을 보고는 왜 딸이 캄보디아 오지에 와 있는지를 이해하게 되었습니다. 하나님께서 어머니의 마음을 바꾸어 주신 것 같아 감사했습니다. 저를 대신하여 하나님께서 외롭게 홀로 사시는 어머니를 보살펴 주실 것을 믿기에 오늘도 이곳 캄보디아에서 사역할 수 있습니다.

희망이 없는 나라, 가난한 나라라는 말이 수식어로 붙어 다니는 캄보디아. 저는 이 땅을 떠날 수가 없습니다. 물이 없는 시골에 있는 사랑의교회를 떠날 수가 없습니다. 캄보디아 어린아이들과 청년들을 통해 역사할 하나님의 큰 축복이 기대되기에 떠날 수가 없습니다.

저는 어머니를 하나님께 맡기고 캄보디아 사랑의교회를 선택했습니다. 저는 간절히 믿습니다. 저의 홀어머니를 하나님께서 저 대신 잘 보살펴 주실 것을 말입니다. 부족한 제가 캄보디아가 주님의 나라로 일어서는 데 밑거름이 되기를 소망합니다.

Chapter. 4

새로운 출발점이 된 평화교회
— 황인범 선생님

'캄보디아'라는 말을 들었을 때 대부분의 사람들은 가난과 굶주림을 먼저 떠올리고, 배울 수 있는 것이 아무것도 없는 땅으로 생각할 것입니다. 저 역시 그런 생각으로 가득 차 있었습니다. 캄보디아에 첫 발을 내딛었을 때 저는 이곳의 가난한 사람들을 위해 많은 것을 가르치고 해줄 수 있다고 자신했습니다. 그들의 간절한 눈망울을 바라볼 때마다 제가 그 갈망을 조금이나마 채워 줄 수 있을 거라는 막연한 기대감도 있었습니다. 예수님을 먼저 믿은 저 자신이 헌신과 봉사를 통해 사랑을 전하는 자가 될 수 있다고 믿었습니다.

하지만 그것은 착각이었습니다. 도리어 그들을 통해 저의 부족함을 깨달았고, 그들에게 전하는 사랑보다 그들을 통해 받는 사랑이 더 큼을 느꼈습니다. 그동안 제가 얼마나 감사를 잊으며 살았는지 깨우치게 되었고, 신앙생활의 매너리즘에 빠져 있었던 저 자신을 돌아보게 되었습니다. 이처럼 캄보디아는 저에게 새로운 출발점이 되어 주었으며, 무엇과도 바꿀 수 없는 제 삶의 진정한 보물이 되어 가고 있습니다.

처음에 캄보디아에서 전기 없는 밤을 맞이했을 때 칠흑 같은 어두운 밤하늘에 빛나는 별을 보며 감탄했습니다. 정겨운 풀벌레 소리와 개구리 울음이 운치 있게 들리기도 했습니다. 대도시에서만 살았던 저는 캄보디아의 자연이 그저 신기하고 새롭기만 했습니다.

하지만 이러한 감동은 그리 오래가지 못했습니다. 1년 열두 달 무더위에 시달려야 하는 이곳에서의 일상은 힘겨움 그 자체였습니다. 전기가 들어오지 않는 밤이 이제는 불편한 밤이 되어 버렸습니다. 언제나 풍족했던 전기가 안 들어오는 오지에서 생활하다 보니 작은 것 하나하나가 소중하고 감사하다는 깨달음을 얻었습니다.

한국에서 저는 모태신앙인이었기에 모든 예배를 빠지지 않고 드렸으며 유치부 교사와 성가대로 봉사하며 바쁜 나날들을 보냈습니다. 교회에서의 섬김은 당연한 것으로 여겼고, 지금 돌이켜 생각해 보면 그 일들을 감사함 없이 의무적으로 했던 것 같습니다. 그런데 낯선 땅 캄보디아에서 드리는 예배시간이 얼마나 소중하게 느껴지는지 모릅니다. 영어와 캄보디아어와 한국어로 찬양을 부르는 아이들의 찬양 소리에 눈물을 흘리기도 하고, 이 아이들과 하나님께 예배드리는 순간이 무엇보다 소중하다는 생각이 들었습니다.

모든 생활이 불교를 기초로 해서 돌아가는 이곳에서 교회에 나오는 것은 곧 이방인이 되는 것이고 사회에서 따돌림을 당하는 존재가 되는 것입니다. 아이들은 수시로 집에서 부모님의 반대에 부딪히고, 학교에서는 교회에 다닌다는 이유로 시험을 보지 못하게 하는 일들을 겪습니다. 그때마다 제가 할 수 있는 것은 그들을 위해 기도하는 것이었습니다. 힘든 상황에 놓여 있으면서도 교회에 나와서 기도와 찬양으로 예배드리는 아이들의 모습에 오히려 제가 힘을 얻고 그들을 더 따뜻하게 보듬어 주고 더 많은 것을 가르쳐 주자 다짐하게 됩니다.

우리 캄보디아 친구들은 1년 365일 쉬지 않고 교회에 나옵니다. 교회가 그들의 학교이고 놀이터이며 집입니다. 교회보다 더 좋은 곳은 이 아이들에게 없습니다. 아침부터 밤늦은 시간까지 함께 찬양과 기도하며 공부합니다. 친구들과 즐겁게 교제하면서 신나게 뛰어 놉니다. 저는 아이들의 주린 배를 채워 주기 위해 먹을 것이 떨어지지 않도록 신경을 씁니다. 또한 이 아이들이 신앙과 배움을 통해 주님의 능력 있는 지도자로 성장하여 앞으로 이 나라를 변화시키기를 기도합니다.

한국 속담에 "가난은 나라님도 구제 못한다"는 말이 있습니다. 캄보디아 역시 스스로 그 가난을 해결할 힘이 없습니다. 캄보디아는 세계에서 가난한 나라, 배고픈
나라에 속해 있습니다. 선진국들의 원조와 투자가 없다면 캄보디아는 성장할 수 없는 구조를 가지고 있습니다. 그래서 세계 금융위기를 비롯해 다른 나라들이 어려움을 겪기 시작하면 캄보디아가 먼저 휘청거리고 쓰러지게 됩니다.

캄보디아에 있는 선교지 교회도 마찬가지입니다. 성경에서 가난한 과부가 자신의 모든 것인 두 렙돈을 하나님께 드려 예수님의 칭찬을 받은 것처럼, 캄보디아 성도들도 가난한 중에 있는 힘껏 헌금을 드리기 시작했습니다. 하지만 그것은 정말 작은 것이기에 그것만으로 선교사역을 해 나갈 수는 없습니다. 한국과 같이 먼저 축복받은 교회와 성도들이 기도와 사랑으로 함께 동참할 때 온전한 선교 사역을 이루어 갈 수 있습니다.

경제 사정이 힘들고 어려워질 때 가장 먼저 줄이는 것이 선교비와 구제비라는 이야기를 들었습니다. 그 돈이 누구에게는 있어도 그만, 없어도 그만일지 모르겠지만, 선교지에서는 그 돈이 없이는 당장 살아가가 힘이 듭니다. 그래서 우리는 늘 선교비 지원을 눈물로 기도하고 간구합니다.

  캄보디아에 첫 발을 내딛었을 때는 1년간 봉사하고 돌아가겠다는 생각이었지만 현지에서 캄보디아 친구들과 함께 생활하고 가르치면서 저를 통해 변해 가는 모습을 볼 때 이 땅 캄보디아를 떠날 수가 없었습니다. 1년이 2년으로 바뀌었고, 2년은 또 3년이 되었습니다. 그렇게 제 마음속에 캄보디아를 평생의 사역지로 품기 시작하면서 캄보디아 배우자를 만나게 해 달라고 기도했습니다.
  캄보디아를 너무나 사랑하여 이곳을 떠나고 싶지 않았습니다. 혹시 제가 캄보디아를 떠날지도 몰라서 캄보디아 자매를 만나 결혼하여 평생 캄보디아에 살게 해 달라고 기도했습니다. 가난하게 살아도 좋고 고생해도 좋으니 캄보디아 자매와 결혼하여 내 평생 캄보디아에서 살게 해 달라고 간구했습니다.
  마침내 하나님께서 캄보디아 자매를 배우자로 보내 주셨습니다. 제가 받은 가장 큰 축복이 바로 캄보디아 아내입니다. 많이 배우지 못했고 부잣집 딸도 아니고 연예인처럼 예쁘지도 않지만 저는 하나님이 주신 캄보디아 아내가 너무 사랑스럽습니다. 저는 캄보디아 아내와 함께 캄보디아 땅에 복음의 씨앗을 뿌리는 데 매진할 것입니다. 천하보다 훨씬 더 귀한 한 영혼에게 복음을 전하기 위해서입니다. 그것이 바로 저의 사명이고 저의 아내의 사명이기 때문입니다.

처음에 부모님은 캄보디아 자매와의 교제를 반대하셨습니다. 하지만 기도 중에 부모님이 캄보디아를 방문하실 기회가 생겼고, 선교지에서 함께 지내시는 동안 하나님께서 부모님의 마음을 움직여 주셨습니다. 저와 캄보디아 자매는 부모님이 한국으로 가시기 직전에 약혼식을 올렸습니다. 서울에서 결혼식을 올린 저희는 이제 어엿한 부부가 되어 선교 사역의 동역자로 열심히 섬기고 있습니다.

하나님께서 캄보디아 자매를 반려자로 주신 것은 캄보디아를 더 잘 이해하고 사랑하라는 의미임을 날마다 깨닫게 됩니다. 선교 사역을 더욱 풍성하게 만들어 가심에 감사드리고 있습니다. 결혼 후 가정을 통해 캄보디아에 대해 알지 못했던 것들을 알아가고, 그들이 우리와 어떻게 다른 생각을 가지고 있고 왜 그렇게 생각하는지에 대해서도 점점 더 이해할 수 있게 되었습니다.

제가 있는 시골 마을에서는 10대 후반부터 결혼을 하기 때문에 20대 초반이면 아이가 둘, 셋인 엄마가 많습니다. 교회에 나오는 아이들의 엄마들 또한 젊은 나이여서 제 아내와 비슷한 또래입니다. 그래서 그들과 대화가 잘 통하다 보니 젊은 엄마들이 교회에 더 많이 나오게 되었습니다. 이렇듯 하나님께서는 우리 가정을 새

로운 축복의 통로를 삼아 주셨습니다.

　어느새 캄보디아에서 8년째 사역을 이어가고 있습니다. 이제 조금 캄보디아라는 나라를 알아가면서 그들을 더욱 사랑할 수 있도록 저 자신이 다듬어지는 것을 느낍니다. 제가 가르치는 캄보디아의 어린 학생들과 청년들이 하나님의 신실하고 능력 있는 지도자로 성장하도록 더 큰 사랑으로 품고 끊임없이 기도할 것입니다.

부족한 나를 사용하시는 하나님

　21살의 어린 나이에 선교지 캄보디아를 알게 되었다. 그리고 23살의 철없는 나이에 나는 선교사가 되었다. 처음부터 선교사가 되려고 했던 것은 아니다. 그저 젊었을 때 1년만 헌신하며 봉사하고 싶었다. 하지만 시간이 지날수록 캄보디아에 대한 나의 마음이 불타올랐다. 주위 분들이 가지 말라고 만류하고 반대할 때 나는 캄보디아에 너무나도 가고 싶어 울기까지 했다. 지금 생각하면 하나님께서 나에게 캄보디아를 품을 수 있는 마음과 사명을 주신 것 같다.
　2년 전 하나님께서는 중국 화교 아이들 3명을 나에게 보내 주셨다. 나는 쉬지 않고 날마다 아이들을 온 정성을 다해 지도하고 가르쳤다. 3살, 4살의 아이들이었지만 나를 선생님으로 믿고 의지하며 따라 주었다. 가난한 아이들이었지만 나에게는 소중한 하나님의 양 떼들이었다. 배고픈 아이들을 하루에 몇 번씩 간식을 먹이면서 가르치고 품어 주었다. 하나님께서 맡기신 귀한 어린 양들을 눈물겹도록 사랑하며 지도하려고 애썼다. 말이 통하지 않아 때로는 답답하고 포기하고 싶을 때도 있었지만 아침부터 밤늦게까지 교회로 오는 하나님의 양 떼들을 사명으로 알고 가르쳤다. 이제 어린이 중국 화교 예배팀이 60명이 되었다. 처음 시작할 때는 3명으로 시작하였는데 벌써 60명 이상으로 성장한 것이다. 그 사랑스런 아이들이 고사리 같은 두 손을 꼭 잡고 예쁜 소리로 기도할 때는 나도 모르게 미소가 지어진다.

나는 지방교회에서 헌신하는 동료들을 잘 보살펴야 한다. 모두 다 나보다 나이가 많은 언니 오빠들이지만 그들은 나를 지도자로 섬기며 잘 따라 준다. 나이도 어리고 모든 것이 부족한데 나를 지도자로 잘 섬겨 준다. 나는 틈틈이 전화하면서 동료들을 위로하고 격려한다. 그리고 일주일에 한 번 만나는 동료 선배들을 위해 맛있는 요리를 준비한다. 우리는 주일날 만나 함께 예배를 드리고 밤에는 고구마도 삶아 먹고 라면도 끓여 먹으며 기도하고 서로 많은 이야기를 나눈다. 일주일에 한 번이라도 만나지 않으면 한국말을 잊어버릴까 봐 시간이 허락하는 한 만나서 은혜와 감동 받은 이야기를 허심탄회하게 나눈다.

이렇게 함께하는 동료들이 너무나 고맙고 감사하다. 매일은 아니지만 일주일에 한 번이라도 만나서 이야기를 나누다 보면 외롭거나 고독하지 않고, 타향살이의 고달픔을 서로 위로해 줄 수 있기 때문이다. 이국땅에서 지내다 보면 격려가 얼마나 중요하고 위로가 얼마나 절실하게 필요한지 모른다. 내 조국 대한민국에 가족이 있다면 캄보디아에는 동료들이 있다. 사랑하는 나의 동료들은 바로 나의 가족과 다름없다.

나와 동료들은 너무나 바쁘다. 아침부터 자정까지 우리가 해야 할 일은 너무나 많다. 13개의 교회에서 1년 365일 하루도 쉬지 않고 숨 가쁘게 사역이 지속되기 때문이다. 이렇게 바쁘게 돌아가는 사역을 통하여 빈민촌 판잣집 마을에서 기적 같은 부흥이 일어나고 있다. 내가 살고 있는 마을은 너무나 처참한 곳이었는데, 교회가 건축되면서 서서히 발전하게 되었다. 하지만 여전히 교회 성도들은 모두 도시 빈민들이다.

바로 이런 어려운 곳에서 하나님께서는 철없는 나를 훈련시키셔서 하나님 나라의 확장에 사용하셨다. 모든 교회의 소원은 성장과 부흥인데, 하나님께서는 우리 빈민촌 교회가 본부교회가 되어 복음으로 하나 되고 성장할 수 있도록 인도해 주셨다. 멈추지 않고 사람 열매가 맺혀가는 것을 볼 때마다 정말 기쁘고 행복하다. 앞으로 더 많은 아이들, 청년들과 온 마을 주민들이 복음을 접하여 모든 교회에 사람들이 가득하기를 기도한다. 그러기 위해 나는 오늘도 완전히 하나님 앞에 엎드려 순종할 것이다. 하나님, 하나님께 항복합니다! 온 마음 다해 하나님을 사랑합니다! 저와 같은 부족한 사람을 캄보디아로 불러 사용하시는 위대하신 하나님께 진심으로 감사드리며 모든 영광을 올려드립니다.

생명의말씀사

사 | 명 | 선 | 언 | 문

> 너희가 흠이 없고 순전하여……세상에서 그들 가운데 빛들로
> 나타내며 생명의 말씀을 밝혀 (빌 2:15-16)

1. 생명을 담겠습니다.
만드는 책에 주님 주신 생명을 담겠습니다.
그 책으로 복음을 선포하겠습니다.

2. 말씀을 밝히겠습니다.
생명의 근본은 말씀입니다.
말씀을 밝혀 성도와 교회의 성장을 돕겠습니다.

3. 빛이 되겠습니다.
시대와 영혼의 어두움을 밝혀 주님 앞으로 이끄는
빛이 되는 책을 만들겠습니다.

4. 순전히 행하겠습니다.
책을 만들고 전하는 일과 경영하는 일에 부끄러움이 없는
정직함으로 행하겠습니다.

5. 끝까지 전파하겠습니다.
모든 사람에게, 땅 끝까지, 주님 오시는 그날까지
복음을 전하는 사명을 다하겠습니다.

생명의말씀사 서점안내

광화문점 110-061 종로구 신문로 1가 58-1 구세군 회관 2층
TEL.(02) 737-2288 / FAX.(02) 737-4623

강 남 점 137-909 서초구 잠원동 75-19 반포쇼핑타운 3동 2층 전관
TEL.(02) 595-1211 / FAX.(02) 595-3549

구 로 점 152-880 구로구 구로 3동 1123-1 3층
TEL.(02) 858-8744 / FAX.(02) 838-0653

노 원 점 139-200 노원구 상계동 749-4 삼봉빌딩 지하1층
TEL.(02) 938-7979 / FAX.(02) 3391-6169

분 당 점 463-824 경기도 성남시 분당구 서현동 273-1 대현빌딩 3층
TEL.(031) 707-5566 / FAX.(031) 707-4999

신 촌 점 121-806 마포구 노고산동 107-1 동인빌딩 8층
TEL.(02) 702-1411 / FAX.(02) 702-1131

일 산 점 411-370 경기도 고양시 일산구 주엽동 83번지 레이크타운 지하 1층
TEL.(031) 916-8787 / FAX.(031) 916-8788

의정부점 484-010 경기도 의정부시 금오동 470-4 성산타워 3층
TEL.(031) 845-0600 / FAX.(031) 852-6930

인터넷서점

http://www.lifebook.co.kr